Amor

Prácticos
Vivir Mejor

Álex Rovira

Amor

Con una fábula de Francesc Miralles

Zenith/Planeta

Obra editada en colaboración con Editorial Planeta – España

Maquetación de interior: Judit G. Barcina
Adaptación de la portada: Booket / Área Editorial Grupo Planeta
Fotografía de la portada: © Laaisee / Shuterstock

Bajo el sello editorial PAIDÓS M.R.
Avenida Presidente Masarik núm. 111,
Piso 2, Polanco V Sección, Miguel Hidalgo
C.P. 11560, Ciudad de México
www.planetadelibros.com.mx
www.paidos.com.mx

Primera edición impresa en España en Colección Booket: febrero de 2020
ISBN: 978-84-08-22248-4

Primera edición impresa en México en Booket: mayo de 2025
ISBN: 978-607-569-976-9

Impreso en los talleres de Diversidad Gráfica S.A. de C.V
Privada de Av. 11 No. 1 Col. El Vergel, Iztapalapa,
C.P 09890, Ciudad de México
Impreso en México – *Printed in Mexico*

Biografía

Álex Rovira es un empresario licenciado en ciencias empresariales y MBA por ESADE, escritor, conferenciante internacional y consultor español. Es considerado uno de los mayores expertos en psicología del liderazgo a nivel mundial. Es autor de varios libros, entre los más recientes se encuentran *Amor, Alegría y Cuentos para quererte mejor*, los dos últimos en coautoría con Francesc Miralles.

«El amor no solo debe ser una llama,
sino también una luz.»

Henry David Thoreau

Sumario

Una nueva definición del Amor

El amor mueve el mundo, da sentido a nuestra vida, nos impulsa y hace crecer, es el principal motor de la transformación humana es, en definitiva, la energía más poderosa del universo. Hace más de dos milenios, Platón ya decía que «no hay ser humano, por cobarde que sea, que no pueda convertirse en héroe por amor».

En este libro vamos a estudiar cómo despertar y gestionar esta energía para crear una vida mejor para nosotros mismos y para los demás.

Para ello no nos centraremos solamente en el desamor, el enamoramiento o la sexualidad. El propósito de este libro también es otro: impulsar la energía más poderosa que tenemos, la que nos une a los demás, la que multiplica nuestras fuerzas para lograr objetivos y disfrutar de la vida con relaciones nutritivas.

Cada capítulo de *Amor* es una invitación a llevar a cabo acciones concretas para elevar la calidad de nuestro vínculo con la pareja, los hijos, los amigos o, incluso, un equipo de trabajo, aportando nuevas perspectivas para mejorar nuestro balance de amor y el de nuestros seres queridos.

¿Qué es el amor?

Tradicionalmente el amor se ha abordado desde las ópticas de *eros* (el deseo), *philia* (la amistad) y *agapé* (el amor incondicional). Sin embargo, si lo llevamos al ámbito de lo cotidiano y preguntamos a la gente qué es el amor, notaremos que hay mucha confusión o que se mezclan estos tres conceptos.

En este libro buscaremos integrar todos los aspectos del amor en nuestra vida cotidiana.

Pero, antes de nada, detengámonos a pensar. Cuando decimos que desearíamos amar a alguien y hacerle feliz… ¿a qué nos referimos? Quizá nos proponemos ayudarle a desarrollar sus capacidades o su potencial, a nuestro lado, para que esa persona sea más feliz, para que pueda vivir con más profundidad y más intensidad la vida.

Sin embargo, muchas veces confundimos el amor con el deseo. El amor erótico no deja de ser una ansiedad relacionada con nuestra naturaleza procreadora. Cuando nos enamoramos únicamente desde el *eros*, a veces olvidamos que solo es una invitación al acoplamiento, no al amor.

Por otro lado, tenemos *Philia*, la amistad, que como decía Aristóteles puede llevar a una emulación, a compartir y querer aprender del otro, generando, incluso, un lenguaje común entre estas personas. Por eso *Philia* busca el bien en el otro y desde esa emulación, por aprendizaje imitativo, crecemos juntos.

Además de *eros* y *philia*, tenemos también *agapé*, el amor incondicional, que es el que sentimos por nuestros hijos. Se habla aquí de unidad en la dualidad, porque cuando amas incondicionalmente sientes que el dolor, la alegría o el sufrimiento del otro son tuyos, incluso puedes vivirlos amplificados.

Los tres ejes del amor

Tras este vistazo rápido a las concepciones tradicionales del amor, en este libro aprenderemos a manejar otras herramientas que nos permitirán llevar todo el poder del amor a nuestra vida.

Con este fin, trabajaremos en tres ejes:

- En primer lugar, *amar es comprender* la singularidad de cada uno y sus circunstancias. Está claro que no tiene sentido proclamar nuestro amor por alguien si no tenemos la voluntad de comprender a esa persona y a sus circunstancias. Le dedicaremos, por tanto, el primer bloque del libro. A todos los niveles, hace falta mucho amor, mucha voluntad de comprender y de reconocer (re-conocer: volver a conocer).
- En segundo lugar, *amar es cuidar*. Cuidar es probablemente el mejor sinónimo de amar; así, en el segundo bloque abordaremos lo que implica conjugar este verbo. El amor no solo tiene una dimensión cognitiva o mental. Cuidar es dar, expresar nuestro amor con acciones. Esto supone acompañar a la otra persona en su proceso de realización, demostrarle que queremos hacer su vida y sus circunstancias

más agradables, ayudarla a superar los malos momentos. Pero, ojo, cuidar del otro no significa sobreprotegerlo.

- Por último, *amar es inspirar* a la persona o ser amado para que pueda construir nuevas realidades tangibles y nuevos sentidos en la vida. Es decir, amar es acompañar a la persona para que, a través de nuestro apoyo y estima, se sienta inspirada para hacer cosas nuevas que vayan en línea con sus deseos, pero también para que pueda construir una narrativa interior que la sostenga en momentos de adversidad y dificultad. Por eso, inspirar también es dar nuevos sentidos a la vida, animar al otro a aprender y formarse. En definitiva, motivarlo para realizarse y para transformar su vida a todos los niveles.

Antes de empezar, quizá alguien se pregunte: ¿qué aporta de nuevo este libro?

Humildemente, creo que precisamente lo novedoso es que ofrece una definición diferente del amor. Este no es un libro sobre cómo superar un divorcio o sobre cómo vivir el amor romántico. Es un libro que pretende hablar del amor desde una vertiente muy práctica y de las cosas que podemos hacer para que crezca en las personas a las que queremos, así como en nosotros mismos.

Gracias por acompañarme en este bello y permanente aprendizaje,

Álex Rovira

I. AMAR ES COMPRENDER

Aunque parezca una paradoja, *amar es comprender* incluso cuando no acabamos de entender a la persona querida. El amor alimenta nuestra voluntad de abrazar la singularidad del ser amado y sus circunstancias, pero eso no implica, por sí solo, que lleguemos a entender al otro completamente.

Hay momentos en los que ni siquiera uno mismo sabe por qué siente, piensa, habla y actúa de determinada manera. ¿Cómo van a saberlo los demás, por mucho empeño que pongan?

En su libro *35 onzas*, el poeta Miguel Aranda habla así de esta dificultad:

Amar es aprender a hablar en chino
usando un diccionario búlgaro
al que le faltan
la mitad de las palabras

¿Cuántas veces nos hemos sentido así, al tratar de razonar con la persona amada? Sin embargo, aunque no lleguemos a ninguna conclusión, el mero hecho de estar dispuestos a escuchar, de intentar descifrar la «lengua extranjera» en la que nos habla el otro, nuestra disposición, enciende su corazón y sus esperanzas.

Porque el esfuerzo por comprender a los seres que amamos nos acerca a ellos. Y escuchar sin juzgar es la hoja de ruta hacia el corazón de cualquier persona.

Cuando mostramos esa actitud, el otro confía y se abre a nosotros, porque percibe nuestra paciencia y empatía, nuestra voluntad de ponernos en su piel.

Y donde no llegan las palabras, el amor encuentra su propio lenguaje, como apunta el mismo poema de Miguel Aranda:

Por eso, si te miro a los ojos
y sé que no comprendo,
o que necesito por hoy la traducción,
acudo urgentemente a nuestros labios.
Para recordar entonces que eras tú
quien me había enseñado
que eran los besos nuestro idioma.

Sin embargo, la incomprensión no se limita al ser amado, cuando hace o dice cosas que nos irritan, ofenden o descolocan. El origen del desconcierto, muchas veces, se encuentra en nuestra concepción misma del amor.

Muchas veces, el amor y el enamoramiento se confunden en la mente de las personas.

En el curso del enamoramiento, solemos idealizar al otro en nuestras fantasías, sin preocuparnos por conocerlo y comprenderlo de verdad. Como afirman algunos psicólogos de los que hablaremos en los siguientes capítulos, «el amor no es ciego, lo que es ciego es el enamoramiento». Por eso, al fabricar una imagen idealizada del otro, a la larga solo podemos obtener frustración.

Para amar con profundidad, para que el vínculo perviva en el tiempo, se ha de partir del principio de realidad —comprender lo que el otro es— y no de un principio de ficción, deseo o imaginación —es decir, lo que nos gustaría que el otro fuera—.

Ver a la pareja tal y como es, aceptando su singularidad sin tratar de cambiarla, nos permite desarrollar un vínculo sólido y potente. Esa es la gran asignatura pendiente en nuestra formación sentimental, porque no se nos ha educado en absoluto para el conocimiento del otro.

En los siguientes capítulos abordaremos algunos temas clave para, sabiendo que *amar es comprender*, ampliar y potenciar el ancho de banda de nuestra conexión íntima con el otro.

1. El aprendizaje de los afectos

¿Se puede aprender a amar? ¿Dónde y cuándo se enseña a querer y a comprender? A lo largo de nuestra vida, pasamos por toda clase de aprendizajes con el fin de avanzar en el camino de la vida, poniendo especialmente el foco en el desarrollo de nuestras capacidades para trabajar y tener una vida digna y, eventualmente, lograda y próspera.

Pero, ¿dónde se estudia el éxito como ser humano que ama? ¿Saber amar es menos importante que las matemáticas, el dibujo técnico o las lenguas extranjeras? ¿En qué academia se aprende el idioma del amor?

Se trata de un conocimiento tan necesario y obvio que a menudo queda olvidado. Esto es lo que me ha impulsado a compartir este libro con vosotros.

Como personas, no solo necesitamos alimentarnos, respirar oxígeno y beber agua, sino que las palabras, gestos y caricias también son una necesidad de primer orden para sentirnos bien. «Entre el dolor y la nada, prefiero el dolor», afirmaba William Faulkner en su novela *Las palmeras salvajes*.

La economía de las caricias

Esta frase del escritor norteamericano ilustra a la perfección la teoría del doctor en Psicología Claude Steiner, discípulo de Eric Berne —el fundador de la terapia transaccional—, llamada «la economía de las caricias».

La caricia aquí no es entendida solo como el contacto de una piel con otra, sino que puede cobrar múltiples formas: gestos, mensajes, sonrisas... En definitiva, un signo de reconocimiento hacia otra persona. Por eso, y como veremos a lo largo de este libro, el ser humano, antes que no tener nada, si no puede obtener caricias positivas, procurará obtenerlas negativas, como sucede en el caso de las dependencias amorosas.

¿Cuántas veces las parejas se pelean porque no conocen otra forma de estar vinculados?

La demanda de caricias, aunque sean negativas, por parte de la otra persona es una llamada de socorro que pone de manifiesto que no estamos atendiendo sus necesidades. Si nos damos cuenta, podremos encauzar el amor y la comprensión y crecer juntos. En cambio, si desoímos esta llamada, puede derivar en comportamientos disfuncionales entre ambos.

Muchas peleas, alejamientos y silencios tienen su origen en un desconocimiento total de la economía de las caricias, que puede tener numerosas traducciones a la realidad:

- Abrazos y caricias a través del tacto para demostrar afecto y apoyo.
- Palabras amables y motivadoras, comprendiendo en lugar de juzgar.
- Presencia de la persona amada en momentos de crisis o dificultad.

Se puede amar en silencio como una caricia que todo lo abarca y lo puede.

El aprendizaje de los afectos, que veremos a lo largo de este libro, nos permite gestionar la economía de las caricias para que el amor nunca sea un recurso escaso en nuestras relaciones con los demás.

Un egoísmo verdaderamente inteligente, como afirmaba Oscar Wilde, se basa en procurar que los demás estén muy bien para tú estar algo mejor. Con ello respetas, cuidas y das alas a tus seres queridos y, más concretamente, a tu pareja.

AMAR O NO AMAR, HE AQUÍ LA CUESTIÓN

En su libro *Los límites del amor*, Walter Riso hace hincapié en que ha de existir la voluntad de amar o no amar. «No solo el amor nos "posee", también nosotros lo poseemos a él: nadie es víctima del amor sin su propio consentimiento.» El problema, como él sostiene, es que nuestra cultura ha hecho «una apología del amor incondicional» que puede ser muy peligrosa. Amparándose en la quimera del amor verdadero, promueve «el sufrimiento feliz, el desinterés por uno mismo y la renuncia del yo». Por esto mismo muchas personas establecen relaciones dañinas e irracionales donde se promulga el culto al sacrificio y la abnegación.

Eso no implica entregarse incondicionalmente, como veremos en el siguiente punto.

Cuando 1+1 son más que dos o da cero

La confianza lleva al compromiso y de este último nace la calidad de la relación, la cooperación que hace que 1+1 pueda ser mucho más que dos.

Sin embargo, en la confianza no hay grados. *O se confía o no se confía*, no hay punto medio.

Y la verdadera cooperación nace de la confianza. Decía Goethe «Trata a un ser humano como es, y seguirá siendo lo que es. Pero trátalo como puede llegar a ser, y se convertirá en lo que está llamado a ser».

Es lo que en psicología se llama efecto Pigmalión, del que hablé extensamente en mi anterior ensayo *Alegría*, escrito junto a Francesc Miralles.

En el extremo contrario, 1+1 pueden ser menos que dos, pueden sumar incluso cero, y la pareja se convierte en una cárcel. Porque si el amor lo justifica todo y se convierte en una obsesión donde miedo y apego te bloquean, tienes que evaluar no cuánto te quieren sino cómo lo hacen.

Si estás en una relación en la que esperas el milagro del cambio, porque no estás a gusto o porque el otro no te respeta, significa que has sobrepasado, como afirma Riso, los límites del amor razonable e inteligente. Porque «para amar no debes renunciar a lo que eres. Un amor maduro integra el amor por el otro con el amor propio, sin conflicto de intereses».

En el punto medio está el equilibrio entre el corazón y la razón.

El aprendizaje de los afectos exige también de nosotros tener en cuenta las dificultades que pueden surgir, por ejemplo, a la hora de comenzar a convivir con nuestra pareja.

Convivir es más difícil que enamorar

En *Amor al segundo intento*, el psicólogo y sexólogo Antoni Bolinches muestra su convencimiento de que quien invierte su inteligencia en intentar que una relación de pareja funcione se convierte en una persona más madura de lo que era antes de implicarse en esa relación.

En palabras del autor: «Convivir es más difícil

que enamorar». Destaca que no aprendemos porque sufrimos, sino por cómo procesamos lo que nos sucede, ya que de los fallos tenemos que extraer las lecciones para poder avanzar.

Hay que tener en cuenta que una buena elección, aunque sea un requisito previo para una relación nutritiva, no garantiza una sana interacción y, por lo tanto, tampoco el éxito como pareja. Porque en la convivencia interviene otro elemento: la madurez, inmadurez o neurosis de cada uno de los miembros.

El profesor Antoni Bolinches afirma que, si una persona no acierta en su tercera relación, difícilmente lo hará en las posteriores. En la primera podemos fracasar por «inmaduros», en la segunda por «neuróticos», pero si en la tercera no lo logramos, es que no hemos superado la segunda fase porque no hemos aprendido del fracaso.

Sin ese aprendizaje, corremos el riesgo de instalarnos para siempre en la neurosis. Para aprender hay tres requisitos: experiencia, autocrítica y tiempo suficiente para culminar el cambio.

LA MATEMÁTICA DE LOS SENTIMIENTOS

En su libro, Bolinches destaca la ley de la incidencia y nos aporta algunas consignas para sacar un balance positivo de nuestra relación amorosa:

1.ª «Como todo aquello que resta influye más que aquello que suma, procura sumar mucho y restar poco». El amor necesita mucho refuerzo positivo. Aporta lo que puedas sin esperar grandes beneficios a cambio.

2.ª «Procura que el hecho de acostumbrarte a lo que es bueno no sea malo». Es el principio de habituación. También tenemos que tener en cuenta el principio de saturación al convivir; no agobiar al otro ni agobiarse uno mismo.

3.ª «Mientras tu balance amoroso sea positivo, piénsatelo muy bien antes de cambiar de pareja». Por mucho que nos atraiga la novedad, cuanto más conoces a una persona, más afloran sus puntos débiles.

Bolinches suma a esto la matemática de los sentimientos, ya que, según afirma, nuestra felicidad depende, en gran medida, de la manera en que somos capaces de vincularnos sentimentalmente, lo cual tiene una repercusión notable sobre nuestra autoestima y equilibrio psicológico.

El problema, según él, es convertir el amor en nuestra unidad de medida de la felicidad, algo que sintetiza en una de sus frases: «La felicidad no es solo amor, pero sin amor la felicidad no es posible».

Diferentes formas de sentir

Bolinches apunta diferencias de género en la percepción y manera de vivir el sentimiento amoroso. Según él, las mujeres dan más importancia a las relaciones amorosas y tienen mayor consciencia de los buenos y malos momentos, además de ser más exigentes al valorar la calidad de la relación. Por eso subraya que «la mujer, si no está demasiado bien, considera que está mal», mientras que «el hombre, si no está excesivamente mal, tiende a considerar que está bien».

Dado que actualmente en el campo de los afectos lo más común es la monogamia secuencial (encadenar varias parejas estables), según los psicólogos, el mensaje es que en el amor hay que aprender de lo vivido para mejorar en un futuro.

Bolinches afirma: «Lo frecuente en el hombre es que el deseo conduzca al enamoramiento, cuando en la mujer, por la contra, es más común que sea el enamoramiento el que despierte el deseo».

Lógicamente, los tiempos están cambiando, como cantaba Bob Dylan ya en 1964, y aunque psicólogos y sociólogos observen tendencias según los géneros, cada individuo es muy libre de sentir y vivir el amor a su manera.

Lo que sí es una verdad irrefutable es que enamorarse es mucho más fácil que vivir el amor. Amar es convivir con nuestra pareja queriendo compartir con ella, forjando un proyecto vital gratificante para los dos, que sea digno de expandirse y durar.

Para concluir con la visión de este autor de referencia, veamos qué tres tipos de pareja diferencia: desde la necesidad —con lemas como «no puedo vivir sin ti»—, desde la igualdad —luchando siempre por el poder, por equilibrar fuerzas— y desde la complementariedad.

La más recomendable, por supuesto, es esta última, ya que es la más rica en sintonía emocional y calidad comunicativa. Dos seres distintos pero que se complementan, más que sumar, multiplican sus fuerzas.

Y, ahora estimada lectora o lector, pregúntate: «¿Cuál de los tres tipos de pareja he cultivado hasta ahora?».

2. Las señales del amor

En nuestra fábula *Un corazón lleno de estrellas*, de gran éxito en Alemania, entre otros países, ya comentábamos que «no es lo mismo comprender al otro que manifestarle esa comprensión». No basta con sentirnos cerca de alguien, es esencial comunicárselo.

El protagonista de esta historia, Michel, necesita vivir una larga aventura para descubrir el ingrediente fundamental del amor:

Hay quien hace, pero no dice y hay quien dice,
pero no hace.
Para amar hay que hacer y decir.

Este es el secreto último del amor.
Los latidos del corazón nunca son silenciosos.

Cuatro habilidades relacionadas con la palabra

La escucha activa es una faceta clave del amor de la que hablaremos en el capítulo siguiente y que también guarda relación con la economía de las caricias y con la importancia de los signos de reconocimiento hacia el ser amado.

Dicho esto, y teniendo en cuenta que muchas señales del amor se dan a través de la palabra, pensemos que, en relación con ella, hay cuatro habilidades: *leer, escribir, escuchar y hablar*.

En la escuela se nos enseña a leer y escribir, lo que supone solo un 50 % del total de esas habilidades. En la vida real, lo que marca la verdadera diferencia en una relación de calidad es la capacidad de escuchar y de hablar.

¿Por qué nos cuesta tanto escuchar y hablar bien con los demás? Consideramos que escribir bien es un arte, pero saber escuchar y expresarse bien ante el otro también lo son.

Imaginemos que vamos a una entrevista de trabajo: todos los candidatos saben, supuestamente, escribir y leer, pero aquellos que posean además la capacidad de saber escuchar al entrevistador y de saber expresarse, destacarán entre los demás. Pues bien, en la pareja pasa lo mismo.

Valoraremos especialmente a la persona que nos sepa escuchar y hablar porque eso facilita un lazo de comprensión que favorecerá la relación.

Los cinco estadios de la atención

En su libro *Escuchar con los ojos*, el experto en comunicación Ferran Ramon-Cortés habla de cinco estadios por los que ha de pasar una escucha para ser realmente activa, haciendo de espejo al otro para que llegue a sus propias conclusiones, descubriéndose a sí mismo a través de nuestro trabajo paciente:

- **Cambiar de perspectiva.** Escuchar sin filtros requiere olvidarse de uno mismo por unos instantes y concentrarse en el otro. Quien escucha debe renunciar a todo protagonismo. Prestar atención es silenciar el ruido interno y captar lo que dice el interlocutor y el lenguaje no verbal.

- **Fomentar la apertura y explorar.** Una vez mutado el papel de protagonista por el de observador, lo siguiente es lograr que el otro se abra y comparta sus sentimientos: ha de ser empático y aceptar lo que le explican sin juzgar, invitando a quien habla a dar ejemplos concretos para evitar que divague.
- **Profundizar buscando la raíz.** Dado que a menudo lo que se explica al inicio de una conversación no guarda relación con lo que sucede de verdad, en este tercer estadio se debe ayudar al otro a través de la proximidad a descubrir lo que siente en ese mismo momento.
- **Captar y comprender el sentimiento.** Para ayudar a quien estamos escuchando, debemos usar dos habilidades: la confrontación (poner en evidencia las contradicciones) y la autorrevelación, mediante la cual el interlocutor expone una vivencia propia que guarda relación con el caso y que puede servir al otro de inspiración.
- **Propiciar el autoconocimiento.** En esta última fase, el que escucha debe tener valor para

implicarse en el problema del interlocutor y ayudarle de manera efectiva. Es indispensable la sinceridad, lo cual no significa decir todo lo que se piensa, ya que podría ofender, sino en no decir jamás lo contrario de lo que se piensa.

ESCUCHAR SIN JUZGAR NI EVALUAR

«Escuchar a alguien me pone en contacto con él, enriquece mi vida. A través de la escucha he aprendido todo lo que sé sobre los individuos, la personalidad y las relaciones interpersonales. Lo segundo que he aprendido es que me gusta ser escuchado. Creo que he sido más afortunado que muchos al encontrar individuos que han sido capaces de escuchar mis sentimientos más profundamente que como los he conocido yo, escuchando sin juzgarme ni evaluarme.»

CARL ROGERS, creador de la terapia humanista.

Dar permiso

Disponemos de muchas herramientas para intentar comprender las señales de la persona amada, a veces ininteligibles para ella misma.

A continuación, os propongo un ejercicio sencillo para llevar a cabo cuando el otro sea incapaz de explicar qué le sucede.

Cuando veas que tu pareja no puede expresar sus sentimientos en un determinado momento, prueba a pedirle que te dé simplemente una palabra que resuma lo que siente. Con eso, aunque no puedas entablar una conversación con ella porque no esté en condiciones, podrás entender cuál es su estado emocional en esa situación.

A partir de esa pequeña comunicación, muchas veces acaba surgiendo la expresión del sentimiento y sus circunstancias. Por ello, es importante dejar espacio al otro, sin presionarlo. En psicología, el concepto que viene a colación aquí sería el «permiso»: de hablar, de alejarse o acercarse, de sentir...

El permiso evita que agobiemos al otro pidiéndole explicaciones y nos acerca sin exigencias, dejando que sea él quien decida cuándo abrirse y contarnos, si quiere, lo que le sucede.

A veces, lo mejor no es preguntar, sino simplemente tomar la mano a esa persona, manifestarle el apoyo y guardar silencio.

Este es un acto de ternura fundamental en una relación genuina entre dos seres humanos: no solo cuando nos besamos, acariciamos y miramos, sino también en los gestos que tenemos hacia el otro en el día a día. Sobre todo, ahora, que las redes sociales, muchas veces, en vez de acercarnos, lo que hacen es banalizar la comunicación. Como decía Shakespeare: «Mucho ruido y pocas nueces».

Cada vez tenemos más contactos, puedes contar con miles de «amigos» en una red social, pero también es cada vez mayor la superficialidad.

El dulce fruto del silencio

Para comprender a nuestra pareja es esencial aprender a leer las señales que nos manda más allá de las palabras, entender cuándo es el momento de poner un tema a debate y cuándo es mejor esperar a otro momento más oportuno.

Respetar los tiempos del otro es también clave. Saber cuándo es hora de hablar y cuándo es mejor callar. A veces, el mejor favor que podemos hacer al otro es respetar su silencio estando presentes desde el respeto y el afecto, libres de toda tensión y expectativa, simplemente nutriendo esa presencia y silencio desde la empatía y el amor.

En determinados momentos, si forzamos al otro a hablar, solo lograremos multiplicar su confusión, y tal vez acabemos incluso peleados. Cambiar de tema —si se trata de un conflicto— o tan solo acompañar, tierna y discretamente, es uno de los regalos más bellos que podemos ofrecer.

Hay un poema de Neruda que explica de manera extraordinaria la bondad de saber esperar, sin forzar, a que brote el fruto deseado.

Yo que crecí dentro de un árbol
tendría mucho que decir,
pero aprendí tanto silencio
que tengo mucho que callar
y eso se conoce creciendo
sin otro goce que crecer,
sin más pasión que la substancia,
sin más acción que la inocencia,

y por dentro el tiempo dorado
hasta que la altura lo llama
para convertirlo en naranja.

En lugar de discutir cuando las palabras y conceptos no han madurado aún, seamos para nuestra pareja ese sol que calienta en silencio y hace crecer los más bellos frutos del amor.

3. Escucha activa

Decía el sabio hindú Jiddu Krishnamurti que la verdadera escucha nos lleva al corazón de las cosas, pero ello requiere desnudarnos de la impaciencia y el juicio, de las ideas preconcebidas, de la voluntad de intervenir para decir nuestra verdad. En sus propias palabras:

Si podemos escuchar como si escucháramos el canto de un pájaro en la mañana, entonces el escuchar es una cosa extraordinaria, especialmente cuando lo que se dice es algo verdadero. Puede no gustarnos, puede que lo resistamos

instintivamente; pero si realmente podemos escuchar, veremos la verdad de ello.

Al igual que un ornitólogo atiende al canto de un pájaro poniendo los cinco sentidos, la escucha activa pasa por «dejarse traspasar», por la voluntad de entender aquello que nos está queriendo decir la persona, no solo con las palabras sino con la expresión de todo su ser.

¿Qué es aquello que impulsa la vida?

La escucha activa no solo pasa porque escuchemos cuando estamos hablando, sino que, además, requiere observar y tomar consciencia de cómo es la persona querida, sea quien sea, y de cuáles son sus intereses, deseos o necesidades. Cuáles son sus vectores.

Hay una idea fundamental en todo esto: el amor es aquello que impulsa la vida.

Por lo tanto, preguntémonos: ¿qué es aquello que impulsa la vida de esa persona? A veces no lo sabe y es necesario ayudarla para que lo encuentre. De hecho, hay muchas personas desorientadas porque han perdido el trabajo, la salud o han roto una relación de mucho tiempo. El amor, en ese caso, consistiría en ayudarla a encontrar su camino sin marcárselo.

En otras ocasiones, es la misma persona la que acude a nosotros buscando ayuda. Necesita volver a hacer fértil la tierra de su existencia, a través del deseo, la ilusión o la pasión.

Para ser útiles debemos nutrir las dimensiones emocionales de esa persona que impulsan la vida: alegría, pasión, ilusión, deseo, esperanza, confianza, compromiso.

Dejar de mirarnos el obligo para entender y acompañar los impulsos del otro tiene siempre premio en el juego del amor.

Humanidad, humor y humildad

Si escuchamos activamente al otro, evitamos el doloroso sentimiento de lejanía e indiferencia que erosiona tantas parejas. Sin embargo, la escucha activa exige ciertos requisitos, reclama de nosotros una disposición que ayude a crear la atmósfera indicada para la comunicación.

MÁS ALLÁ DE LA AUTORREALIZACIÓN

«La verdadera meta de la existencia humana no se cifra en la autorrealización. La autorrealización, en sí misma, no puede ser una meta. [...] Ser hombre implica dirigirse hacia algo o alguien distinto de uno mismo, bien sea para realizar un valor, bien para alcanzar un sentido o para encontrar a otro ser humano. Cuanto más se olvida uno de sí mismo —al entregarse a una causa o a la persona amada—, más humano se vuelve y más perfecciona sus capacidades. Por el contrario, cuando más se empeña el hombre en conseguir la autorrealización, más se le escapa, pues la verdadera autorrealización es el efecto profundo del cumplimento del sentido de la vida. En otras palabras, la autorrealización no se logra como un fin, sino que es el legítimo fruto de la transcendencia.»

VIKTOR FRANKL

Para mantener el afecto o crearlo es importante la intimidad, mostrar sincera y abiertamente al otro tu reconocimiento a través de la mirada apreciativa, la cordialidad, la amabilidad y el humor que refuerzan el vínculo con la otra persona.

Siempre desde la autenticidad, sin finalidad manipulativa, porque si el otro se siente un objeto al que hay que seducir, conquistar o poseer, el juego se pervierte.

Humanidad, *humor* y *humildad* tienen la misma raíz etimológica, vienen del latín *humus*, «tierra». Así, lo que nos hace ser fértiles en afecto es ser humorosos, humanos, humildes; ahí nace el vínculo.

Comunicación no violenta

Como bien sabemos, hay muchas parejas y familias que no se entienden bien porque nadie les ha enseñado a comunicarse de una manera pacífica.

Para solventarlo, hay una disciplina, un enfoque comunicativo que recibe el nombre de «Comunicación No Violenta» (CNV) y que está orientado a combatir el mal hábito que tienen muchas personas de comunicarse a través de reproches, cuando sería mucho mejor expresar su necesidad de comprensión.

Su formulador, el psicólogo clínico Marshall B. Rosenberg, define así la esencia de la CNV:

Podemos reemplazar el lenguaje que implica una falta de opción por el que reconoce una posibilidad de elección. La comunicación que nos aliena de la vida nos atrapa en un mundo de ideas preconcebidas con respecto a lo que está bien y lo que está mal, un mundo hecho de juicios. Emplea un lenguaje en el que abundan las palabras que establecen clasificaciones y dicotomías con respecto a las personas y a sus formas de actuar. Cuando utilizamos el lenguaje, juzgamos a los demás y su comportamiento y nos centramos en quién es bueno, malo, normal, anormal, responsable, irresponsable, inteligente, ignorante, etc.

Si cambiamos el reproche por el aprecio, si en lugar de señalar o criticar al otro expresamos de manera clara y delicada lo que necesitamos, de la discusión infértil pasamos a la comprensión y al amor.

Según como utilicemos el lenguaje hay una posibilidad de resurrección, podemos pasar del ataque o la indiferencia al amor, de la incomprensión a tender puentes con el ser amado, si nos empezamos a preguntar qué necesita esa persona y cómo podemos dárselo o ayudarla a conseguirlo.

Sobre el diálogo y las cargas del pasado

En su libro *El buen amor en la pareja*, el psicólogo Joan Garriga comenta que «los seres humanos nos reconocemos mejor en el diálogo que en el monólogo». El monólogo nos aleja del mundo, no nos deja encontrar reposo para nuestros pensamientos en los demás y podemos caer en un abismo por un exceso de nosotros mismos. El diálogo permite compartir e intercambiar ideas y eso favorece la escucha activa y la salud mental.

Eso implica dejar de ponernos a la defensiva y abrirnos a la persona amada, mostrando lo que somos.

Garriga afirma: «Podemos crecer mientras nos protegemos, pero nos desarrollamos especialmente cuando dejamos de hacerlo, porque el verdadero crecimiento ocurre cuando cada cual se enfrenta a aquello que tiene o a aquello de lo que cree adolecer [...]. Nuestras sombras alumbran nuestra humanidad».

Las raíces de lo que somos están en la infancia, cuando nuestros padres nos empiezan a enseñar y nosotros, a aprender de ellos.

Cuando formamos una pareja, aunque cultivemos la escucha activa, no podemos olvidar que, al comunicarnos, no solo se juntan dos individuos, sino dos sistemas familiares al completo; es como una asamblea. Por eso, el mayor logro es que cada miembro de la pareja se acepte a sí mismo y a toda su familia e historia.

Muchas personas no tienen resuelto este aspecto tan transcendente y eso es lo que las hace fracasar en la pareja.

Quien acepta a su familia, con sus virtudes y defectos, y es capaz de integrarla estará en mejores condiciones de ocupar su lugar al lado de su pareja, aunque a veces se necesiten procesos emocionales profundos y cambios de creencias.

Cada uno debe estar en el lugar que le corresponde, vivir para sí mismo y para su presente, sin cargar con el pasado de los demás. Dedicarse a sus relaciones de amistad y de pareja y darles prioridad frente a los problemas del resto de la familia.

La hora de la verdadera escucha

Teniendo en cuenta todo esto, el éxito de una pareja —de cualquier relación humana, de hecho— dependerá de nuestra capacidad para escuchar al otro de la manera que explicaba Krishnamurti.

En su libro *El masajista de almas* el maestro del *coaching* Josecho Vizcay hace esta interesante reflexión sobre el «ruido» que nos aleja de una verdadera comprensión del otro:

Frecuentemente confundimos escuchar con oír. Oír es un proceso físico para el que no necesitamos pensar. Es algo perceptivo que no requiere intencionalidad: podemos oír ruidos, sonidos, susurros y demás. Escuchar, en cambio, es un proceso intelectual y emocional que requiere de

una interpretación y de una intencionalidad. Cuando escuchamos, habitualmente lo hacemos a través de una pantalla de resistencia que está llena de nuestras experiencias, educaciones y prejuicios. En muchas ocasiones, lo que realmente escuchamos es nuestro propio ruido.

¿Has tenido alguna vez la sensación de que la persona que se encuentra delante de ti, cuando estás revelando algo importante, está ausente?

¡Qué sensación más frustrante y desmotivadora!

La persona puede estar presente en el lugar, pero su mente no está allí. Aparenta escuchar pero quizá su mente está en otros asuntos o, si está pendiente de la conversación, tal vez cavila sobre qué argumento nos va a dar para cimentar su posición.

Nada de esto tiene que ver con la escucha activa.

De acuerdo con este autor, «escuchar realmente es focalizarse en los demás. Escuchar sus emociones y sus silencios, con la intención de comprender y no de contestar. Escuchar es no anticiparse. Es estar presente, no presuponer y no interrumpir. Nuestro gran problema de comunicación es que no escuchamos para entender, sino que escuchamos para contestar».

Estar presente en la pareja, especialmente cuando abre su corazón y su mente para ser escuchada, tiene mucho que ver con el *mindfulness*. No se trata solo de que nuestro cuerpo esté ahí, de hacer ver que escuchamos profiriendo de vez en cuando un «ajá...» que no significa nada.

Se trata de estar en cuerpo y alma. Solo así la escucha se convertirá en una herramienta de comprensión que nos haga subir un peldaño más en la escalera del amor.

4. Inteligencia psicoafectiva y perfiles de personalidad

Como abordaba en mi ensayo *El beneficio*, escrito junto a mi amigo, el psicoterapeuta Georges Escribano, hay una serie de perfiles de personalidad que merecen ser identificados, esta vez, poniéndolos en relación con la pareja.

Concretamente, nos centramos en ocho personalidades, teniendo en cuenta las teorías de Jean Bergeret, quien afirmaba que cada una de estas estructuras tenía dos extremos (sano y patológico): histérica/sociable, obsesiva/metódica, pasivo-agresiva/creativa, *borderline*/apasionada, narcisista/líder, psicópata/audaz, paranoica/persistente y esquizoide/meditativa.

En este capítulo de carácter más técnico veremos cómo se comportan en ambos extremos.

Estructura patológica	Manifestaciones regresivas y de inmadurez que aparecen bajo estrés	Manifestación de talentos y de madurez	Estructura sana
Histérica	• Se preocupan demasiado por los sentimientos de los otros y no suficiente por los suyos propios. • Cometen errores a causa del estrés y la ansiedad.	• Son atentos y se preocupan sinceramente por los demás. • Saben elogiar y felicitar. • Tienen facilidad para hacer amigos. • Son capaces de expresar sus emociones y sentimientos. • Crean ambientes acogedores.	Sociable
Obsesiva	• Les cuesta confiar en los demás. • Son perfeccionistas y tienen un afán de control que les crea problemas. • Se enfadan con los que no piensan como ellos.	• Responsables, lógicos y bien organizados. • Tienen los pies en el suelo, son realistas. • Orientados a los objetivos. • Visten de forma sobria y cuidada.	Metódica
Pasivo-agresiva	• Sólo quieren hacer lo que les gusta, lo que les divierte. • Les cuesta encontrar soluciones concretas a problemas concretos. • Acusan a los demás de los errores y calamidades que se producen. • Critican a los otros porque se ven perfectos ellos mismos. • Son adictos a la queja.	• Son creativos, espontáneos, lúdicos, con temperamento artístico. • Dicen honestamente lo que les gusta y lo que no. • Se enfadan y ríen con igual facilidad. • Visten para llamar la atención. • Rehuyen la rutina, los compromisos y los horarios fijos.	Creativa
Borderline	• Se comportan de forma inestable, lunática, imprevisible. • Pueden mostrarse agresivos y autodestructivos. • Son caprichosos y a menudo no cumplen con los compromisos que asumen. • Pesimistas exacerbados.	• Muestran un compromiso firme y su fidelidad es inquebrantable. • Dicen honestamente lo que les gusta y lo que no. • Son activos e infatigables. • Entusiastas incansables.	Apasionada
Narcisista	• No soportan la confrontación. • Arrogantes, vanidosos y egocéntricos. • A menudo muestran desprecio o maltratan de otras formas a los demás.	• Seductores, atractivos e inspiradores. • Son visionarios y brillantes en sus planteamientos. • Pueden ser eficaces y guiar a otros en el cambio.	Líder

Estructura patológica	Manifestaciones regresivas y de inmadurez que aparecen bajo estrés	Manifestación de talentos y de madurez	Estructura sana
Psicópata	• Mienten y acosan. • Manipulan con facilidad, a menudo sin ser conscientes de ello. • Utilizan a otros para alcanzar sus fines. • Siguen sus impulsos sin importarles las consecuencias en los demás. • Les excita el riesgo y la inmediatez.	• Pueden ser muy persuasivos. • Visten para impresionar, a veces gastando mucho dinero. • Viven al día. • Gran capacidad de acción. • Intuitivos, inteligentes y creativos. • Asumen y son capaces de afrontar enormes riesgos que a ojos de los demás son retos imposibles.	Audaz
Paranoica	• Son fatalistas, solo ven lo que va mal, lo negativo. • Muy dados a soltar sermones para tratar de convencer a los demás de que piensen como ellos. • Recelosos, suspicaces y desconfiados.	• Fieles a sus valores y convicciones. • Serviciales, sacrificados y perseverantes. • Valoran el respeto y la admiración. • Tienen buen gusto para vestir. • Suelen formar uniones sólidas.	Persistente
Esquizoide	• Pueden ser muy pasivos, evitando tomar decisiones de cualquier tipo. • Necesitan permisos e instrucciones precisas para actuar. • Poco sociables.	• Imaginativos, reflexivos, introspectivos. • Rara vez muestran afecto. • Tienen una gran capacidad de concentración.	Meditativa

¿Los polos opuestos se atraen?

Esa es la teoría, pero en las variables de personalidad los modelos no son inmutables. Estos adoptan características de otros, así que la mezcla nunca es predecible y por lo tanto siempre hay margen para el error, y además cada uno de nosotros tiene un poco de cada perfil, aunque claramente hay algunos que tienen más presencia en la construcción de nuestra estructura de personalidad.

Para que una persona manifieste sus talentos según su personalidad, conviene...	Evitar	Hacer
Sociable	• Usar el imperativo, dar órdenes. • Levantar la voz. • Criticar delante de los demás sus errores o su conducta.	• Aceptarla como es, sin condiciones. • Invertir tiempo en crear proximidad. • Ofrecerle un ambiente sensorialmente cómodo y agradable. • Brindarle apoyo incondicional.
Metódica	• Invadir su espacio privado, sonsacarle intimidades. • Cambiar una idea o pacto sin darle explicaciones sólidas. • Oponerse a sus iniciativas u opiniones.	• Reconocerle lo que hace y aporta. • Ser puntual, evitando hacerle perder el tiempo. • Confiarle nuestros problemas, por complejos que sean.
Creativa	• Coartar su libertad con pautas estrictas. • Darle consejos, sermonearle. • Aburrirla con preparativos. • Obligarle a pensar siempre a largo plazo. • Criticar su forma de vestir.	• Compartir tareas creativas. • Crear un ambiente lúdico e informal. • Mostrarse espontáneo. • Promover la ligereza y el buen humor.
Apasionada	• Dar órdenes o establecer imposiciones. • Criticarla. • Excederse en los elogios.	• Intercambiar ideas. • Tener en cuenta sus opiniones. • Ayudarla a pensar, con delicadeza, en las consecuencias de sus actos.
Líder	• Confrontarla frontalmente. • Culpabilizarla y acusarla de forma directa. • Adoptar una postura paternalista.	• Alabar sus mejoras personales. • Hacerle ver de forma indirecta, tal vez con ejemplos externos, sus errores.

Para que una persona manifieste sus talentos según su personalidad, conviene...	Evitar	Hacer
Audaz	• Mostrarse evasivos, no afrontar las situaciones. • Callar lo que no aprobamos.	• Ir de cara, comunicar nuestro malestar con palabras directas. • Expresar claramente lo que necesitamos.
Persistente	• Imponer decisiones sin dialogar. • Entrar en juegos de poder. • Recurrir a medias verdades o medias mentiras. • Cambiar de opinión sin razonarlo.	• Reconocer sus esfuerzos y logros. • Respetar sus opiniones y valores. • Permitirle que tome sus propias decisiones.
Meditativa	• Hacer la vista gorda ante algo que no funciona. • Rodearla de demasiada gente o de personas muy ruidosas o indiscretas. • Esperar que adivine lo que estamos pensando.	• Otorgarle su propio espacio para que administre su jardín secreto. • Respetar su intimidad y sus tiempos.

Depende no solo de los caracteres, sino de las circunstancias y de la voluntad de cada uno de los individuos el querer trabajar su relación de pareja.

El primer paso para llegar a entendernos es identificar nuestro perfil de personalidad y el de nuestra pareja, ya que solo sabiendo quién es cada uno podremos entender las necesidades específicas, qué estimula y qué desmotiva a cada cual.

A partir de este mapa, sabremos cuáles son los puntos fuertes de cada persona, en qué circunstancias se siente cómoda, y cuáles son las minas que no deberíamos pisar.

Explicado de forma más sencilla: dado que cada perfil de personalidad tiene un aspecto patológico y otro sano, una buena forma de relacionarnos puede llevar al otro a la parte más positiva del espectro.

Para ello, vamos a ver, una vez identificado el perfil de nuestro compañero, qué cosas conviene hacer y cuáles evitar para que manifieste lo mejor de sí mismo, tanto en su vida como en el contexto de la pareja.

5. Amar lo diferente y singular

Como decían Balzac y Erich Fromm: «El amor no es solo un sentimiento es también un arte». Yo añadiría que también es un misterio. ¿Qué es lo que hace que elijamos a una persona en particular, mientras que tantas otras nos resultan indiferentes?

Tal vez no haya respuesta a esta pregunta. Quizá el gran reto es saber cómo dos personas, teniendo familias y pasados tan diferentes, pueden llegar a encontrarse e iniciar una aventura juntas.

¿Cómo se puede amar a alguien que hace cosas que tú no harías o que tiene ideas que tú rechazas? ¿Cómo se ama la singularidad del otro?

Sin diferencia no hay sinergia

Ya no solo en la pareja, también en el ámbito de la humanidad, en el futuro será fundamental el reconocimiento de la diversidad, porque será gracias al debate y a la diferencia que podremos avanzar.

Lo mismo sucede cuando dos mundos unipersonales se encuentran. La diferencia crea la atracción y la sinergia.

Conocer al otro nos ayuda a amarlo mejor, como hemos visto en el capítulo anterior. Para ello, es fundamental el reconocimiento de la diferencia. En psicología lo llamamos «mirada apreciativa».

¿Qué entendemos por mirada apreciativa? Se trata de mostrar —con nuestras palabras, con nuestros actos— a la otra persona que reconocemos su carácter único, su talento, sus valores, su potencial. Eso provocará en ella emociones positivas como la serenidad, la tranquilidad, la esperanza y la confianza en sí misma.

Sin duda, la mirada apreciativa en la pareja contribuye a reforzar el vínculo y crecer juntos.

Una pareja que no acepta quién eres, que está siempre señalando lo que no le gusta, que te compara con otros, que te empuja a cambiar desde una mirada de desprecio, que pone continuamente el acento en la falta más que en la bondad y la virtud, obviamente no tiene una mirada apreciativa.

La psicóloga Nika Vázquez, autora del libro *Aporta o aparta*, sugiere una alternativa muy lúcida a la fijación de muchas parejas por cambiar a su compañero. En lugar de eso, propone «ojalá cambiemos juntos». Es decir, respetando la singularidad de cada uno, plantea emprender un camino compartido de evolución que nos lleve a un lugar mejor que en el que ahora estamos. Ese es un enfoque inteligente.

Para saber si tu pareja tiene sobre ti una mirada apreciativa, pregúntate: «¿Su comportamiento conmigo me da alas?». Si es así, enhorabuena; esa mirada apreciativa contribuye a una buena relación de pareja con expectativas de futuro. Si su conducta, en cambio, te limita, te hiere o te frena, si está intentando cambiarte sin cambiar ella misma, jamás volaréis hacia un destino mejor.

Sin duda, la mirada apreciativa permite algo muy bello e importante: ver a un ser humano excepcional y único frente a nosotros, sin tener en cuenta nuestros anhelos.

Si la manera de ser de nuestra pareja nos provoca tanta incomodidad, deberíamos cuestionarnos qué nos falta dentro de nosotros mismos para sentirnos así. Si no aceptamos al otro tal y como es y, en consecuencia, nos privamos de aprender de él y de nutrirnos de su ser, estamos perdiendo la razón de ser del amor.

Las alas de plomo del apego

Cuando un vínculo se basa en la dependencia y en la lucha por el poder, se corrompe y no permite que haya una relación sana de pareja. Según el psicólogo Walter Riso, tres de las manifestaciones más importantes de la inmadurez emocional son:

1. Bajos umbrales del sufrimiento.

2. Baja tolerancia a la frustración.

3. Ilusión de permanencia.

Las personas inmaduras emocionalmente buscan seguridad y protección en el otro para tapar sus propias carencias, porque tienen esa fuerte necesidad.

¿Cómo podríamos prevenir esta situación?

Según Riso, la autonomía permite que tengamos confianza en nosotros y dejemos de tener miedo a la soledad. Eso es lo que nos hace libres. Donde no hay autonomía, hay una adicción complaciente.

Contra la dependencia, la autorrealización nos permite reconocer nuestros talentos naturales, aunque necesitaremos el coraje para desarrollarlos. Además, saber que participamos en un proyecto universal y creer en su importancia nos puede llevar a la trascendencia. «Trascender significa tomar consciencia de que soy posiblemente mucho más de lo que creo ser», concluye el autor de *Amar o depender*.

Podemos tener alas para volar juntos, cada cual preservando su autonomía, autorrealización y trascendencia, o apegarnos y depender, lo cual equivale a tener alas de plomo.

En nuestro libro *Cuentos para quererte mejor* compartimos una fábula norteamericana en la que dos amantes acuden a un sabio anciano para que les revele el secreto del amor eterno.

El viejo maestro les pide entonces que capturen a un águila y un halcón y que aten las patas de una y otro para que vuelen juntos. Y esto es lo que sucede:

Los amigos hicieron lo que les había ordenado. Sin embargo, las dos aves intentaron levantar el vuelo una y otra vez sin conseguirlo: caían al suelo, contra las piedras, y se golpeaban las alas.

Irritados y frustrados, el águila y el halcón empezaron a atacarse con sus picos. El anciano, entonces, los liberó y volaron lejos.

—Vosotros sois como estas aves, no lo olvidéis nunca. Si os atáis el uno al otro, aunque la cuerda sea tejida con un gran cariño, no conseguiréis volar y os acabaréis haciendo daño. Si queréis que vuestro amor sobreviva al paso del tiempo, volad juntos pero jamás atados.

TODO SUCEDE POR ALGO Y PARA ALGO

La ley del espejo es un libro altamente inspirador del escritor japonés Yoshinori Noguchi. En él, se cuenta la historia de Eiko, la madre de Yuta, que se preocupa en exceso por los problemas de su hijo. Pronto consigue comprender, gracias a un amigo de su marido, Naguchi, la importancia de la ley del espejo (sobre todo en relación con su esposo y en la difícil relación con su padre).

¿Qué dice esta ley?

En palabras del autor, «la realidad de nuestra vida es el espejo que refleja nuestro corazón», por eso «ocurren acontecimientos que sintonizan con nuestro interior», ya que la causa de ello se halla en nuestro interior y se hace realidad como efecto.

Si observamos lo que nos ocurre, sabremos qué está fallando dentro de nosotros, ya que «si no cambiamos nuestro interior, y únicamente esperamos que cambien otros y las situaciones, no conseguiremos lo que deseamos».

Según el autor, «todos los problemas que surgen en la vida ocurren para que nos demos cuenta de algo importante». Cree profundamente que para cualquier problema tenemos la solución y la fuerza necesaria.

También nos ofrece los ocho pasos para conseguir perdonar cuando una persona nos decepciona o no actúa como nosotros hubiéramos necesitado:

1. Haga una lista con aquellas personas a las que «no puede perdonar».

2. Exprese sus sentimientos (por escrito).

3. Busque los motivos de aquellos actos.

4. Escriba aquello que puede agradecerles.

5. Utilice la fuerza de las palabras.

6. Escriba aquello de lo que querría disculparse.

7. Escriba aquello que haya aprendido (gracias a la relación con esas personas).

8. Declare «Les perdono».

Perdonar a los padres, reconciliarse con la vida

Por mucho que hayamos heredado de ellos —a menudo a nuestro pesar—, tal vez las diferencias más difíciles de sobrellevar son las que tenemos con nuestra familia, y muy especialmente con nuestros padres.

Cuando esa relación no está sanada, puede suceder que en consecuencia hagamos malas elecciones en el campo de la pareja, tropezando una y otra vez con la misma piedra.

Como apunta Joan Garriga, para un hijo, los padres representan simbólicamente la vida. «Si estamos en paz con ellos estamos en paz con la vida.» Honrarlos es honrar a la existencia, significa hacer algo bueno con ella para devolverles lo más importante que nos dieron: la vida, a pesar de todos los fallos que hayan cometido con nosotros.

Ya lo dice uno de los mayores principios existenciales: «Aquello que rechazamos nos ata, aquello que aceptamos nos libera».

Por eso, con respecto a este amor, siempre diferente y singular, porque todos lo somos, es fundamental conocer el modelo afectivo que hemos tenido de pequeños, ya que muy probablemente lo trasladaremos a la pareja y tendremos que revisarlo. Y, precisamente, una de las funciones de la pareja es que sea nutritiva y podamos vivir el acompañamiento del otro.

6. El otro y sus circunstancias

Es muy fácil acompañar a los demás cuando se encuentran en un buen momento y soplan vientos favorables. El reto es acompañar y estar cuando las cosas van mal. Entonces recae sobre nosotros una misión de ayuda como facilitadores de la creación de nuevas circunstancias.

Es la tesis que abordamos en el libro *La buena suerte*: «Si queremos tener suerte tenemos que crear circunstancias favorables». Para ello, necesitamos hacer el ejercicio interno de contemplar los desafíos como oportunidades.

Cuando la mala suerte acaba siendo buena suerte

Un ejemplo común sería la pérdida de un trabajo o de poder adquisitivo debido a cualquier otra situación. ¿Qué podemos aprender de ello? Los valores que podríamos integrar serían la sobriedad y el desprendimiento. De hecho, en el futuro, estos valores, junto con la diversidad y la solidaridad, cobrarán especial importancia.

El hecho de que cada vez seamos más y de que los recursos sean limitados, nos obligará a convivir de maneras alternativas mucho más creativas, imaginando nuevos modelos de convivencia y pasando por una pedagogía que nos ayude a reconocer la diferencia, a fomentar el debate y a compartir.

Si pensamos en la suerte, hay que tener en cuenta que la hay de dos tipos. Schopenhauer decía: «El azar reparte las cartas, pero nosotros las jugamos», así que, por un lado, tendríamos la suerte azarosa. Un ejemplo sería haber nacido en un lugar con posibilidades de futuro.

Pero, por otro lado, tenemos la suerte que se trabaja, la buena suerte. El secreto de esta es que, a pesar de que funciona con parámetros desconocidos, podemos estudiarlos.

En lo humano, la buena suerte surgiría de valores como el coraje, la responsabilidad, la confianza, la entrega o la humildad. Porque todo ello junto puede dar como fruto una red de talento (entendiendo el talento como valores en acción) y de capacidad de avanzar y conseguir altas probabilidades de realización de nuestros deseos.

Es por eso que en mi libro *La buena suerte*, escrito junto a Fernando Trias de Bes, una de las reglas que se exponen es que «la buena suerte no puede darse si no es compartida».

LAS REGLAS DE LA BUENA SUERTE

1.ª La suerte no dura demasiado tiempo, porque no depende de ti. La buena suerte la crea uno mismo, por eso dura siempre.

2.ª Muchos son los que quieren tener buena suerte, pero pocos deciden ir a por ella.

3.ª Si ahora no tienes buena suerte, tal vez sea porque las circunstancias son las de siempre. Para que la buena suerte llegue es conveniente crear nuevas circunstancias.

4.ª Preparar circunstancias para la buena suerte no significa buscar solo el beneficio propio. Crear circunstancias para que otros también ganen atrae a la Buena Suerte.

5.ª Si «dejas para mañana» la preparación de las circunstancias, la buena suerte quizá nunca llegue. Crear circunstancias requiere dar un primer paso... ¡Dalo hoy!

6.ª Aun bajo las circunstancias aparentemente necesarias, a veces la Buena Suerte no llega. Busca en los pequeños detalles circunstancias aparentemente innecesarias..., pero ¡imprescindibles!

7.ª A los que solo creen en el azar, crear circunstancias les resulta absurdo. A los que se dedican a crear circunstancias, el azar no les preocupa.

8.ª Nadie puede vender suerte. La buena suerte no se vende. Desconfía de los vendedores de suerte.

9.ª Cuando ya hayas creado todas las circunstancias, ten paciencia, no abandones. Para que la buena suerte llegue, confía.

10.ª Crear buena suerte es preparar las circunstancias para la oportunidad. Pero la oportunidad no es cuestión de suerte o azar: ¡siempre está ahí!

Síntesis: crear buena suerte únicamente consiste en... ¡crear circunstancias!

Dado que crear buena suerte es crear circunstancias, la buena suerte solamente depende de ti. A partir de hoy, ¡tú también puedes crear buena suerte!

Ayudar a creer de nuevo

Como decía Antoine de Saint-Exupéry, el autor que murió sin conocer el gran éxito de su obra *El principito*: «Si queremos un mundo de paz y de justicia, debemos poner la inteligencia al servicio del amor». Eso es lo que podemos hacer frente al otro y sus circunstancias.

Saber es muy importante, pero creer es lo que nos da la fuerza para lograr nuestros objetivos. Por ello, si ponemos nuestra inteligencia (saber) al servicio del amor (creer), el resultado será una combinación poderosísima.

Cuando nuestra pareja pasa por un momento de dificultad, tal vez porque ha recibido un golpe muy duro, nuestra gran tarea de Amor será, por un lado, comprender cómo se siente y, por otro, ayudarla a que pueda volver a creer en las diferentes dimensiones que equilibran la propia vida:

- Creer en su capacidad para salir adelante.
- Creer en que cuenta con los recursos necesarios para hacer las cosas de un modo distinto, obteniendo así resultados distintos.
- Creer que hay personas en su vida, empezando por su pareja, dispuestas a acompañarla en ese camino. Pueden no ser muchas, pero sin duda serán las necesarias.
- Creer que después de las tempestades llegan los cielos azules; después de las dificultades, las oportunidades; después del no, llega el sí .

SÍ, PUEDES

«Los cínicos nos han dicho toda la vida que no podemos hacer lo que deseamos. Nos piden que nos ajustemos a la realidad, que no nos abracemos a falsas esperanzas. Pero no hay nada falso en la esperanza. Cuando nos enfrentamos a retos aparentemente imposibles, cuando nos advierten que no estamos preparados para hacer esto o aquello, cuando nos dicen que ni siquiera merece la pena intentarlo porque no lo lograremos, entonces es cuando debemos responder: sí, podemos.»

Barack Obama

II. AMAR ES CUIDAR

Dándole vueltas a los términos *amor* y *amar*, se me ocurre que quizá el sinónimo más directo de amar sea cuidar. Podemos apreciar, querer, estimar, valorar, preferir, seducir, solicitar, conquistar..., pero nada resulta más comprensible para entender el amor que la noción de cuidado.

Cuando amamos al otro, surgen la voluntad y el deseo de cuidar de manera natural e inevitable. Pero veamos con detenimiento qué dice la Real Academia Española de la Lengua sobre el verbo *cuidar*:

Del ant. coidar, *y este del lat.* cogitāre *'pensar'.*
1. tr. Poner diligencia, atención y solicitud en la ejecución de algo.

2. tr. Asistir, guardar, conservar.
3. tr. Discurrir, pensar.
4. prnl. Mirar por la propia salud, darse buena vida.
5. prnl. Vivir con advertencia respecto de algo.

Las acepciones ponen el acento en la ejecución, la atención y la asistencia. Así, amar, en tanto que cuidar, traspasa la emoción para llegar al otro con acciones. Hacer. Ahí tenemos la respuesta: acción demostrativa. Las acciones son los frutos del amor o, como rezan dichos populares en varios idiomas, las emociones llevan a las palabras y lo que expresamos se traduce o se demuestra con hechos. En realidad, en muchas ocasiones, más importante que decir es hacer, porque al hacer las cosas, estas se dicen solas.

El amor no es una proclama ni una intención, sino una acción. Esa es la idea fundamental. Una acción que pretende impulsar las dimensiones emocionales y existenciales de la persona amada a la par con su contexto. Y esa acción implica cuidar. Porque amar también es poner diligencia y conservar, es pensar en el ser amado.

Cuántas veces hemos lamentado no haber puesto palabras al amor. Cuántas veces, sí, hemos dudado de qué es querer bien, de si existe una fórmula para hacerlo de una manera correcta. Cuántos de nosotros y de nosotras, en fin, nos hemos sorprendido de que nuestros seres queridos no hayan percibido nuestro interés y dedicación, cuando los amamos desde lo más profundo.

¿Cómo podemos cuidar a quienes amamos?

Al final, amar (cuidar) es cuestión de coherencia, consistencia y congruencia. De ahí que, cuando manifestemos que amamos o queremos a alguien, debemos buscar la manera de demostrar lo que pensamos. Así, armonizaremos el pensamiento, el sentimiento y la acción. Solo desde esta integridad de expresión le estamos transmitiendo a la persona querida nuestra lealtad. Esta cadena de armonía de pensamiento-sentimiento-acción resulta esencial en todas nuestras relaciones, con nuestros hijos, amigos o parejas.

Observamos que, en la esfera de amar/cuidar, aquellos que tienen vínculos humanos que funcionan de manera extraordinaria comparten tres cosas:

- **Respeto.** Son coherentes con lo que le dicen y le demuestran al otro, reconocen sus mejoras y gestionan sus expectativas respecto a la relación.

- **Admiración**, que además pone en marcha el comportamiento del aprendizaje imitativo. Celebran juntos los logros personales y comparten las ocasiones importantes.
- **Afecto profundo** por la persona. Se esfuerzan por mantener vigente el interés y el redescubrimiento mutuos, procurando el bien del otro y del vínculo que les une.

En definitiva, son tres maneras de cuidar, de amar a través del cuidado del ser amado, en las que nos adentraremos a continuación.

1. Coherencia entre la palabra y la acción

Se puede estar cuerdo en la práctica del amor. Se puede ser sensato y aún sentir que su poder nos dota de una fuerza que, curiosamente, el romanticismo ha tildado de locura. Sin embargo, y sin querer deslucir lo mágico de amar, no hay nada más amoroso que ser consecuente. Esa coherencia preserva el cuidado de nuestras personas amadas.

Hablamos de la coherencia entre lo que pensamos, lo que verbalizamos y lo que acabamos haciendo. Tampoco es que nos ocupen aquí las promesas o los juramentos, no: en este libro nos entrenamos para amar, y un entrenamiento no se puede quedar en la voluntad ni en el sentimiento.

En ese sentido, recuerdo la preciosa historia que el escritor británico David Nicholls cuenta en

Siempre el mismo día. Dos amigos transitan varios años de sus vidas sabiendo que tienen una conexión especial, pero sin pasar a la acción. Durante esos dieciocho años no se dan cuenta de que la vida que quieren está justo ahí, hasta que activan el mecanismo del cuidado. Por supuesto, no desvelaremos detalles sobre esta novela, también llevada al cine, pero sí que podemos afirmar que el elemento que posibilita amar es la consciencia de que lo que no se hacc se queda en el aire.

Una demostración más allá de las intenciones

Siempre hemos dicho que «obras son amores, y no buenas razones». O lo que es lo mismo, de poco sirve decir que amamos si no lo hacemos de verdad.

Y cuando se ama de verdad, se demuestra.

Puedo mencionar, entre otros muchos, tres ejemplos que siempre me han motivado y me han inspirado, y que definen el poder de los hechos sobre las meras palabras.

Para empezar, me gustaría retomar a Viktor Frankl, el reconocido neurólogo y psiquiatra fundador de la logoterapia. Frankl sobrevivió a varios campos de concentración nazis entre 1942 y 1945, una durísima pero significativa experiencia que motivó las impresionantes ideas vertidas en su libro *El hombre en busca de sentido*.

Pues bien, leyendo sus *Memorias*, descubrimos que se pudo haber librado de ese sufrimiento, puesto que contaba con un visado para emigrar a Estados Unidos. ¿Qué sucedió entonces?

La familia de Viktor Frankl no corrió la misma suerte. Nadie les concedió el salvoconducto para dejar atrás el horror. Sabiendo lo que iba a ocurrir, Frankl decidió no abandonarlos:

Salgo de casa indeciso, voy a pasear un rato y pienso: «¿No es esta la típica situación en que sería necesaria una señal del cielo?». Cuando vuelvo a casa, veo que sobre la mesa hay un pedazo de mármol.

—¿Qué es esto? —le pregunto a mi padre.

—¿Esto? Ah, lo he recogido hoy entre un montón de ruinas, donde estaba antes la sinagoga que

quemaron. El pedazo de mármol formaba parte de los diez mandamientos. Y si te interesa, puedo incluso decirte a cuál de los diez mandamientos pertenece la letra hebrea grabada en el mármol. Pues solo hay un mandamiento que la tiene como inicial.

—¿Y cuál es? —insisto para saber la respuesta. Y mi padre me contesta:

—Honra a tu padre y a tu madre para que tus días se alarguen en la tierra…

Está claro que, aparte de por razones religiosas, Frankl permitió que su visado caducara por el motivo más poderoso: el amor a los suyos. No solo decidió que prefería estar cerca y cuidar de ellos a empezar en otro lugar sin este amor, sino que precisamente fue ese encierro y las angustias vividas en esas condiciones el origen de su propuesta terapéutica, la logoterapia.

De hecho, en el marco del campo de concentración pudo poner a prueba esta aportación. Según él, «[…] en igualdad de condiciones, tenían más posibilidades de sobrevivir aquellos que estaban orientados hacia el futuro, hacia un sentido cuya realización los esperaba en el futuro». Es decir, en ese contexto, vio que el sentido de la vida radica en amar.

Para Frankl, la autorrealización no debe ser una meta egoísta, como hemos visto en un capítulo anterior, porque cuanto más intentemos autorrealizarnos, sin entender que el sentido de la vida está en amar hacia fuera, en trascender, más se alejará esa meta de nosotros.

Pura generosidad

Mi segundo ejemplo sobre el poder del hacer me lleva a otro de mis referentes, la historia que nos cuenta Jean Giono en *El hombre que plantaba árboles*.

Esta maravillosa novela corta narra cómo un pastor plantaba árboles en la Provenza sin que nadie lo supiese. Las autoridades del lugar llamaban a aquel lugar «el bosque milagroso», sin saber que era una persona quien obraba el «milagro». El caso es que aquel pastor convertía lo sorprendente en realidad gracias a una acción tan lógica como simple: guiado por el amor, plantaba cientos y cientos de semillas de árboles. Semillas que brotaban. Lo que se cultiva, ya se sabe, se cosecha.

UN PERSONAJE INOLVIDABLE

«Para que el carácter de un ser humano excepcional muestre sus verdaderas cualidades, es necesario contar con la buena fortuna de poder observar sus acciones a lo largo de los años. Si sus acciones están desprovistas de todo egoísmo, si la idea que las dirige es una de generosidad sin ejemplo, si sus acciones son aquellas que ciertamente no buscan en absoluto ninguna recompensa más que aquella de dejar sus marcas visibles; sin riesgo de cometer ningún error, estamos entonces frente a un personaje inolvidable.»

JEAN GIONO en *El hombre que plantaba árboles*.

Y no, no es un cuento, una ficción. La historia nos remite a un hombre llamado Johnny Appleseed, que plantó miles de árboles en Estados Unidos para que la gente tuviese qué comer. Pura generosidad con el otro, ¿verdad?

Generosidad, amor, cuidado.

¿Qué sería de nosotros si fuésemos plantando semillas en el corazón de nuestros seres queridos? ¿Cómo avanzarían las relaciones de amor si colmásemos de pequeños detalles las almas de los demás?

Tres pasiones para vivir

Y para cerrar este pequeño entrenamiento consciente sobre la importancia de hacer en el amor, me gustaría compartir una reflexión de Bertrand Russell. Mi tercer ejemplo se puede leer en la obra *Para qué he vivido*, del filósofo y ganador del Premio Nobel de Literatura en 1950, y mantiene su vigencia:

Tres pasiones simples, pero abrumadoramente intensas, han gobernado mi vida: el ansia de amor, la búsqueda del conocimiento y una in-

soportable piedad por el sufrimiento de la humanidad. Estas tres pasiones, como grandes vendavales, me han llevado de acá para allá, por una ruta cambiante, sobre un profundo océano de angustia, hasta el borde mismo de la desesperación.

He buscado el amor, primero, porque comporta el éxtasis, un éxtasis tan grande, que a menudo hubiera sacrificado el resto de mi existencia por unas horas de este gozo. Lo he buscado, en segundo lugar, porque alivia la soledad, esa terrible soledad en que una conciencia trémula se asoma al borde del mundo para otear el frío e insondable abismo sin vida. Lo he buscado, finalmente, porque en la unión del amor he visto, en una miniatura mística, la visión anticipada del cielo que han imaginado santos y poetas. Eso era lo que buscaba y, aunque pudiera parecer demasiado bueno para esta vida humana, esto es lo que —al fin— he hallado.

Con igual pasión he buscado el conocimiento. He deseado entender el corazón de los hombres. He deseado saber por qué brillan las estrellas. Y he tratado de aprehender el poder pitagórico en virtud del cual el número domina al flujo. Algo de esto he logrado, aunque no mucho.

El amor y el conocimiento, en la medida en que ambos eran posibles, me transportaban hacia el cielo. Pero siempre la piedad me hacía volver a la tierra. Resuena en mi corazón el eco de gritos de dolor. Niños hambrientos, víctimas torturadas por opresores, ancianos desvalidos, carga odiosa para sus hijos, y todo un mundo de soledad, pobreza y dolor convierten en una burla lo que debería ser la existencia humana. Deseo ardientemente aliviar el mal, pero no puedo, y yo también sufro.

Ésta ha sido mi vida. La he hallado digna de vivirse, y con gusto volvería a vivirla si se me ofreciese la oportunidad.

¿Y vosotros, por qué, por quiénes vivís? ¿A quiénes cuidáis?

2. El factor sorpresa: reavivar cada día la llama del amor

El amor puede ser una emoción a largo plazo, pero se nutre de otras muchas emociones variadas, integrándolas sin parangón. Una en la que pienso desde hace tiempo es la sorpresa que eleva e inspira, la sorpresa agradable, amable, positiva.

Me llama mucho la atención que la sorpresa, la acción o el efecto de sorprender, sea una de las emociones menos estudiadas. Una de las más breves —sino la más corta— e intensa.

Es una emoción tan singular que ofrece mucha discusión científica. ¿Por qué? Porque se trata de una reacción que puede adquirir un aspecto positivo o negativo; no como extremos de una misma emoción, sino como dos sistemas diferentes e independientes. Justo en el centro de estas dos dimensiones —negativa y positiva— situamos la sorpresa, una emoción que dura, en muchas ocasiones, apenas unos pocos segundos, pero que puede hacer mucho ruido, desencadenar novedades, como citó el poeta italiano Cesare Pavese («La sorpresa es el móvil de cada descubrimiento»).

Atendiendo a la definición del Diccionario de la Lengua Española (DLE) de la RAE, sorprender es, en una de sus acepciones, el hecho de «conmover, suspender o maravillar con algo imprevisto, raro o incomprensible».

«Conmover, maravillar»; diríamos que la sorpresa es positiva.

«Suspender», con una sorpresa negativa o desagradable.

Las sorpresas nunca nos dejan indiferentes. Como un rayo, estimulan un cambio en nuestro estado de ánimo y nos preparan para adaptarnos a nuevas circunstancias porque facilitan reacciones conductuales y emocionales adecuadas a una situación inesperada.

En esa línea, la sorpresa positiva activa otras emociones como la alegría, la lealtad, la confianza y el compromiso. Por eso, sorprendernos y sorprender resultan aliados fundamentales en nuestras relaciones de amor. El factor sorpresa les aporta o les devuelve el interés, el cuidado y, en palabras de otro gran poeta, Charles Baudelaire, la belleza.

Volver a enamorar y sorprender

Para el arquitecto brasileño Oscar Niemeyer, «la sorpresa es clave en todas las artes». Desde las más abstractas a las más prácticas como el marketing. Por ejemplo, los especialistas en ventas Al Ries y Jack Trout señalan que uno de los secretos de un buen posicionamiento es la máxima «No olvides nunca aquello que te hizo triunfar».

Aplicada a amar, triunfamos cuando regamos cada día la semilla que despertó ese sentimiento. Imaginemos que deseamos volver a enamorar a nuestra pareja. ¿Cómo lo podemos conseguir? Pues haciendo aquello que la conquistó la primera vez:

- Si le enamoró tu buen humor, mantenlo.
- Si fueron los pequeños detalles, cultívalos.
- Si fue tu ternura cuando la tocabas, promueve las caricias.
- Si fueron los viajes sorpresa de carretera y manta después del trabajo, vuelve a programarlos.

Y estos son solo algunos ejemplos de sorpresas positivas que puedes darle a tu pareja. Por supuesto, existen muchas otras con las que obsequiar también a amigos, familiares e hijos.

La «paz barata»

Cierto es que el factor sorpresa puede ser más fácil de recrear cuando la relación nos tiene entusiasmados, cuando pasamos por una buena fase, cuando el estrés no nos acapara o agota. Sin embargo, el paso del tiempo y las circunstancias pueden restarle espacio a estas sorpresas necesarias para cuidar al otro. La atención recae entonces en la dificultad de continuar sorprendiendo cuando la pareja (hablando de relaciones sentimentales) ya lleva tiempo unida. Se puede caer en la peligrosa inercia de una unión aparentemente cómoda y, con ello, tener que enfrentarse a la pérdida de interés en el otro y a la decadencia de la relación.

A esta inercia peligrosa (que incluye rituales cotidianos, la habituación al otro y los entresijos de la convivencia) decidí darle el nombre de «paz barata». En las relaciones, la observamos en aquellas personas que conviven de manera apacible, pero que, bajo esta apariencia pacífica, esconden la muerte del afecto. Ya no hay deseo, pasión ni alegría entre ellas. Hay «paz», entre comillas, una paz que es en realidad inercia, una muerte lenta. Mantener esa paz barata o inercia no supone ningún esfuerzo porque cada uno se dedica a seguir con su vida, sin pensar en la otra persona, sin compartir un proyecto común, como hacían en el pasado. En esta paz barata de la que hablo ya se ha perdido el compromiso y lo que es casi peor: la ilusión.

De nuevo apelamos al cuidado. Hay que cuidar a la pareja, aceptar su evolución, pero es cierto que muchas veces, al dejarnos llevar por sus fluctuaciones, no nos esforzamos en cambiar nada y eso tiene graves consecuencias, como esta paz barata. Cuando esto ocurre, ambos abandonan la responsabilidad frente al proyecto común y cada uno se da a sus menesteres, olvidando y perdiendo la comunicación y el apoyo en el otro.

La inercia en este sentido es una referencia a la dejadez, a la ignorancia. En definitiva, a la inacción, a no pensar ni sentir, solo dejar que los días pasen. Porque la inercia arrasa con todo sin cuestionarse nada. No plantea dudas porque nadie ejerce el poder de pensamiento para evitarla; si algo destroza, se cree que es culpa del otro. Porque preferimos que nos arrastre esta paz barata a mirarnos a nosotros mismos y ver dónde están los errores, las perezas, los miedos y las holgazanerías.

Lo más desolador es que esta paz barata puede alcanzar tanto a las parejas más consolidadas y que más han trabajado por su relación como a aquellas que no. Para todas sin excepción, el secreto para evitarla es no descuidarse.

La sorpresa es un factor clave para mantener viva la llama del amor; de ahí que necesitemos un espacio para el misterio. De la antigua Grecia procede la idea de que existe un proyecto mayor del que no conocemos todos los detalles, pero que nos subordina los unos a los otros de una manera sabia. Para reconocer este proyecto, precisamos tener la humildad suficiente para dejarnos llevar en sus amorosos brazos. Una humildad que es consciencia.

Consciencia *versus* inercia

Los humanos, por desgracia, y por hábito, a veces continuamos el camino olvidando aquello que justamente no debemos olvidar: la consciencia de que queremos seguir teniendo a esa persona a nuestro lado, y no para compartir solo un sistema de paz barata, sino de alegría y amor.

Esta inercia es una demostración de la fuerza de la gravedad abstracta, interior y sentimental en el campo de la pareja y de nuestras relaciones afectivas en general. El emperador romano y filósofo Marco Aurelio apunta al respecto: «A menudo también hace mal quien no hace nada, y no solo quien hace algo»; y la historia le da la razón en muchas ocasiones, ¿verdad?

Sobre la inercia en la que vivimos estuve conversando hace años en Madrid con D. Alfonso López Quintás, catedrático de Ética, quien me explicó que, a su modo de ver, existían dos caminos en la vida: el del vértigo y el del éxtasis. El camino del vértigo no te pide nada, te lo da todo, pero luego te lo quita todo. Un ejemplo sería caer en las drogas. En cambio, el camino del éxtasis no te da nada, te lo pide todo, pero luego te lo da todo. No en lo material, sino en la propia realización. Es el camino del amor.

Creo que vivimos en una sociedad que cada vez pide más seguir el camino del vértigo, y que desiste de la opción del camino del éxtasis porque esta última implica consciencia, trabajo, determinación, coraje, entrega, esfuerzo en definitiva. Porque aquello que realmente vale la pena requiere de atención, cuidado y trabajo. Es imposible cosechar buenos frutos si no hay una buena siembra y atención permanente al campo en el que hemos sembrado. Y con el amor esta regla es plenamente aplicable.

Cuidado con apagar la llama

Estar atentos, abrir los ojos, mirar para ver, comprender, ser conscientes y alimentar el amor. Hablamos de reavivar la llama, como una fogata reconfortante en la playa una noche veraniega, o el calor del hogar en invierno.

El cuidado tiene a su enemigo en esta inercia, que puede venir acompañada por otras tentaciones físicas o emocionales. En términos de deseo, por ejemplo, el psicoterapeuta y referente Antoni Bolinches nos recuerda que la pareja estable es válida para convivir en amor, pero que este no es un buen vínculo para mantener la euforia sexual. La razón es que el deseo se alimenta de la ausencia, no de la presencia, y «el sexo exaltado y ardiente del enamoramiento solo se vive una vez en la vida con cada pareja».

UNA CASA DE HIELO

«La mayoría de la gente sueña con un amor romántico como los que muestran las películas de Hollywood. Dos personas se encuentran, se produce el flechazo y quedan cegados de amor. Locos de felicidad. La experiencia demuestra más tarde que las relaciones que empiezan de esta forma duran poco. Una relación así es como una casa de hielo que cuando se derrite, se desmorona. Un amor de este tipo puede convertirse rápidamente en pesado y aburrido y, en el peor de los casos, transformarse en odio. Así que tampoco esto es el amor verdadero.»

DALAI LAMA

En este sentido, tengamos en cuenta la matemática de los sentimientos. Vemos cómo dentro de la estabilidad amorosa los principios de habituación y de saturación por presencia pueden provocar el debilitamiento de la llama —del deseo y del sentimiento—. Entonces, nos toca hacer un balance emocional: si lo bueno no lo es tanto y lo malo lo es demasiado, la cosa puede desembocar en crisis.

En esa situación de crisis, pueden entrar en juego enamoramientos alternativos e infidelidades, para los que los expertos indican que los hombres son más dados. Ellos son más infieles que las mujeres, aunque su implicación afectiva es menor, mientras que ellas viven más enamoramientos alternativos, pero tienen un conflicto mayor a la hora de traducirlos en infidelidad.

A la infidelidad y el enamoramiento alternativo se suman otros problemas para la pareja, como los celos, las mentiras…, esto es, la incomunicación o, en otro plano muy importante, las opiniones o influencia de los familiares. Tanto de los que pertenecen a la familia nuclear formada por la pareja y sus hijos, como de las familias de origen de cada uno (padres, hermanos, primos, tíos, etc.).

La prueba de fuego de los hijos

En el marco de la familia nuclear, los hijos suelen provocar fricciones especialmente en sus primeros años, porque los padres se enfrentan a nuevas responsabilidades y a decisiones sobre la educación que desean para ellos. Ya de mayores, la partida del hogar de los hijos puede conllevar el síndrome del nido vacío, la sensación de que la familia se ha roto. Esta fase puede fortalecer o debilitar a una pareja.

Sin los hijos, una pareja subsiste en el amor cuando este vínculo posee calidad, cuando se expresa independientemente de la presencia de estos en el hogar. Incluso cuando aparece el síndrome del nido vacío, este amor lo hará salvable con facilidad. El problema llega cuando los hijos son el eje de la unión de la pareja. En ese caso, es fácil que cuando se emancipen, la pareja admita que no tiene puntos en común y acabe separándose.

Otra fuente de conflicto a la hora de mantener viva la llama es la participación de los padres de la pareja en su vida. Cuando existe idealización de la figura materna/paterna, pueden surgir problemas de pertenencia e injerencia en la relación amorosa.

Contra la injerencia, es muy importante preservar la intimidad y ser autosuficiente, porque siempre empieza por una ayuda deseada y consentida y acaba convirtiéndose en una pérdida de autonomía del proyecto de vida de la pareja.

En conclusión, para cuidar, lo que importa no es solo concretar el lugar que ocupa la pareja en nuestra vida, sino también concretar dónde ubicamos a la familia en la relación de pareja. Cada cosa en su lugar.

Vislumbramos un doble reto, entonces: ser buen hijo de los padres y ser buen padre de los hijos. No siempre es fácil conjugar ambas funciones. Sin embargo, la mayoría de los psicólogos coinciden en que es mejor tener una «mala» familia que no tenerla.

A este doble reto añadimos ahora un factor de mucho peso, el de la expectativa.

3. El reto diario de superar las expectativas

Las expectativas pueden condenar el amor matando el cuidado. Por eso, prestar atención a no perder autonomía y a no tener que pedir puede resultar un auténtico reto diario.

Sin lugar a duda, las expectativas constituyen una losa para los sentimientos. El peligro de los pensamientos idealizados hacia la pareja es que pueden justificar lo inaceptable y hacer que nos quedemos anclados en relaciones dañinas con esperanzas inútiles de mejora. Crean un choque con la realidad debido a la discrepancia que se genera entre el amor ideal y el real.

No podemos reducir el amor al enamoramiento, a lo ideal, a un modelo. El amor, para que sea amor —realismo afectivo, como ya hemos mencionado—, se piensa, y no solo se siente. Pensamiento-emoción-acción para poder cuidar.

¿De verdad no guardas expectativas respecto a tus relaciones? Vivir el amor en su realidad, sin compararlo con comportamientos estereotipados o esperando que se colmen algunas de nuestras necesidades, es bastante común. Es más, resulta complicado escapar de las expectativas. Si lanzamos al aire una muestra de ellas, ¿puedes ser honesto contigo mismo y asumir que quizá sí las tengas?

Expectativas comunes	Realidades comunes
El deseo y el afecto intenso serán para toda la vida.	El deseo sexual se apaga y la emoción intensa se convierte en confianza y amistad.
Algún día cambiará lo que no me gusta.	Si tu pareja no quiere, no cambiará nada.
Siempre estaremos juntos.	Incluso cuando la pareja se esfuerza en su relación puede llegar una separación.
No se fija en nadie más.	Nadie es ciego y puede surgir el interés por otra persona.
Mi pareja es lo que necesito para ser feliz.	La felicidad se logra desde uno mismo y trabajando hacia fuera, con o sin el otro.
Es mi media naranja.	Nadie es perfecto ni soluciona la vida de nadie. Mejor seamos dos naranjas enteras.
Lo compartiremos todo.	Es fundamental entender que los deseos y necesidades personales pueden no ser idénticos y que cada cual tiene sus necesidades.

El amor se traduce en no crear expectativas

Nos percatamos entonces de que la lucha entre la razón y la emoción es la imagen de la contradicción entre el principio de realidad y el del placer. Aceptarlo nos hace avanzar en ese camino del éxtasis dentro del amor. Es decir, el resultado de nuestras acciones en el contexto de la pareja depende de cómo nuestra mente procesa la información antes de decidir.

En ese proceso intervienen muchos factores que, si no cuidamos, pueden darnos malos resultados, como las emociones negativas. El equilibrio entre ese aquí y ahora, la realidad de uno mismo y de la persona que elegimos, y de lo que esperamos de la relación es esencial. Porque, si no, cuando se traspasen los límites del amor, nos toparemos con la insatisfacción.

¿Qué está a nuestro alcance para poder superar las expectativas en nuestro día a día? Parece obvio, pero no lo es: una buena manera de mantener el amor se traduce en no crearse expectativas. Por dos razones:

- Porque podemos pensar con claridad y amar con inteligencia.

- Porque puede surgir la sorpresa. Como hemos explicado, el factor sorpresa nos permite mantener activa la chispa del amor.

LOS PEQUEÑOS PLACERES

En relación con el reto de vivir el presente y apartar las expectativas, es interesante hacer referencia al libro *El encanto cotidiano*, de Sarah Ban Breathnach, en el que la autora celebra la espiritualidad mes a mes y estación a estación. Ella considera que las mujeres no poseen cinco sentidos, sino siete. A la vista, el oído, el olfato, el gusto y el tacto deberían sumarse el hecho de «conocer» y también el asombro. En ese asombro es donde podemos incluir las sorpresas para con nuestra pareja.

Ban Breathnach consiguió, con su anterior libro, *El encanto de la vida simple*, mantenerse más de dos años en la lista de libros más vendidos del *New York Times*. Con esta nueva obra, pretendía que el lector pudiese seguirla a lo largo de todo un año, valorando el arte y encontrando la inspiración en las pequeñas cosas. Mientras que el dicho afirma que «los detalles marcan la diferencia», para Ban Breathnach, más que los detalles, lo fundamental es saber verlos y apreciarlos. Algo que, por desgracia, pasamos por alto demasiado a menudo (en especial, si nos sentimos bloqueados por idealizaciones).

Esta voluntad de Ban Breathnach viene dada o, por lo menos, influenciada, por su situación personal. Durante los años ochenta sufrió un accidente. Un panel del techo de un restaurante cayó sobre su cabeza, afectando gravemente sus sentidos. Mientras se recuperaba, postrada en cama, sintió anhelo por revivir los pequeños placeres de la vida, por lo que, superada su convalecencia, quiso escribir estos libros llenos de reconocimiento hacia los pequeños detalles de la existencia.

Amor real, amor satisfactorio

Si volvieras al pasado, ¿elegirías otra vez a la misma persona? ¿Eres feliz con quien has elegido y con la vida que compartís?

Si respondes «sí» a estas dos preguntas, se puede decir que la relación va viento en popa. Por el contrario, con que dudes o contestes «no» a alguna de ellas, la relación es cuestionable. Si estás en el segundo caso, recuerda que la expectativa de cambiar al otro es justo eso, una expectativa. Quizá conviene no autoengañarse y tener la valentía de cambiar aquello que no está bien. Porque, como expresó Séneca, «mientras se espera vivir, la vida pasa».

La vía más recomendable para poder superar las expectativas consiste en amar completamente y, sobre todo, de una forma inteligente. Pensemos que no solo somos el amor o el amante de la otra persona, sino también su amigo o amiga. Por tanto, el amor se piensa además de sentirse y de ponerse en práctica, pues es una voluntad: la voluntad de amar al otro.

En el reto de amar sin expectativas, además, siempre cabe tener en cuenta que lo que debemos mostrar hacia nuestra pareja es una dedicación saludable, y no un sometimiento humillado. En definitiva, en una relación sana las expectativas deben superarse. Si nos fijamos, en el caso de que estemos viviendo una relación enfermiza, ningún gesto es suficiente para atender a las expectativas del otro. Ese otro nos puede llevar a nuestro límite, y eso no responde al amor, sino a la manipulación y al narcisismo.

¿Qué supone amar de manera saludable? El amor sano es aquel que nos permite ser para nosotros mismos a la vez que para el otro, sin sustituirnos, sin anularnos. Somos dos, y los dos...

- ... estimulamos la reciprocidad en la pareja;

- ... promovemos juntos el desarrollo de los integrantes de esa pareja (nosotros);
- ... nos ayudamos a desarrollar sentimientos positivos y a practicar el consenso;
- y, sobre todo, logramos respetar las preferencias o inclinaciones del otro y nos preocupamos por él cuando vale la pena, y no por miedo o por obligación.

¿PODEMOS EXIGIR SER CORRESPONDIDOS?

«Una vez una pareja de enamorados me preguntó: "¿Podemos exigir ser correspondidos por nuestra pareja?". Mi respuesta fue: "No". Esto sería como un intercambio: si tú me quieres, yo también te querré. Esta forma de pensar es errónea. Desde mi punto de vista, el amor es otra cosa. El amor verdadero está libre de celos, libre de exigencias y no conoce prejuicios.»

Dalai Lama

El ser humano no es ni egoísta ni altruista al 100 %, así que en la pareja tiene que haber un equilibrio en la ayuda, en el balance. Eso no quiere decir que tenga que ser simétrico, pero sí equilibrado, por el bien de la relación.

El secreto para el equilibrio sin expectativas nos devuelve al mismo punto: a cultivar nuestra independencia, que, en lugar de alejarnos, nos acerca al otro porque enriquece el estar en pareja.

4. Celebrar juntos las pequeñas victorias

Aunque a veces pensemos que la pareja, como conjunto, sirve a cada uno de los individuos, es una manera incorrecta de concebir la relación. Es cada individuo el que enriquece a la pareja. Sin embargo, es cierto que la pareja, en sí misma, enriquece en el plano vital, donde podemos sentir la trascendencia del amor en una verdadera unión con el otro y en nuestro camino individual.

Pese a que a veces sintamos deseo, diversión, entusiasmo, interés o realización estando implicados en muchos frentes de la vida de la persona amada, prefiero mantener aquello de que es mejor estar juntos que revueltos. Pero si todos los elementos de la enumeración son positivos, ¿por qué no lanzarse en plancha a la aventura de vivir en simbiosis? Pues porque, como acabamos de decir, en el conjunto sin independencia, la alegría se suele confundir de una manera peligrosa con el apego. E insisto, hay tipos de apego que tienen poco de amor y mucho de carencia. El apego, en fin, puede ser la llama que lo consuma todo, frente a la chispa que nos anime, que nos provoque, que nos seduzca.

Para entenderlo, me gustaría revisar brevemente la teoría del apego entre adultos. Es a finales de la década de los ochenta cuando los investigadores Cindy Hazan y Phillip Shaver describen el apego en las relaciones románticas adultas e identifican cuatro tipos de relaciones desde este punto de vista:

- El **apego seguro** es el de las personas que se sienten a gusto con la intimidad y la independencia en equilibrio, porque se respetan a sí mismos y a su pareja.
- El **apego ansioso-preocupado** busca aprobación y refuerzo en el otro, y conduce a la dependencia. Las personas desconfían y dudan, son impulsivas y tienen altibajos.
- El **apego evitativo-independiente** implica que el deseo de independencia puede limitar la intimidad. Son personas que se sienten incómodas

con el hecho de involucrarse completamente con otros porque piensan que no lo necesitan.

- El **apego con miedo-evitación** supone el deseo y a la vez el rechazo de una relación, y se da en adultos que no se suelen valorar a sí mismos.

Estemos atentos, pues, al estilo de apego que caracteriza nuestras relaciones. ¿Es apego seguro? ¿Tenemos la justa medida para estar presentes en la vida del ser amado, para amar cuidando y acompañando, y no supliendo o esquivando? Si es así, estamos en un punto precioso para celebrar juntos las pequeñas victorias, tanto como celebramos las individuales —sin relegarlas, por supuesto—.

La importancia de los pequeños éxitos

Neus Virgili, licenciada en Psicología y especializada en Teoría del apego, nos ofrece las razones de la importancia de celebrar estas pequeñas victorias dentro del apego seguro, y nos propone algunas opciones.

Congratularnos de las pequeñas victorias es tener pequeños éxitos que, sumados, nos acercan a otros mayores, por lo que la vida cobra otro sentido cuando decidimos tomárnosla como un reto para conseguir lo que deseamos.

Como Virgili señala, una pequeña celebración no tiene que ser algo que nos robe mucho tiempo, energía o dinero. Podemos llevarla a cabo en soledad o en compañía. Los únicos requisitos son que sea algo que:

Nos agrade.
Nos produzca satisfacción.
Esté alineado con un propósito o meta más grande.
Refuerce el sentimiento de victoria en el que nos encontremos.

Es importante que la celebración no tire por tierra los progresos que estemos haciendo (que nos relaje demasiado respecto a nuestro objetivo), que sea coherente con nuestra meta final y que esté conectada también con nuestra manera de ser.

Podemos pensar en opciones de celebración como: ir a comer fuera, regalarnos una tarde libre, salir con los amigos a tomar algo, comprar algo bonito que nos haga sentir bien o cumplir con algo que deseábamos desde hace tiempo. Se trata de detalles que nos hacen felices y que constatan esa pequeña victoria.

Es tu victoria, así que puedes compartirla, y conviene que no le restes importancia, porque la has conseguido. Incluso sería bueno anotarla, registrar los avances para tenerlos siempre presentes y, sobre todo, llevar a cabo la celebración inmediatamente después del logro, sin dilatar la ocasión porque más tarde esta emoción pierde su sentido. En definitiva, piensa qué quieres hacer, cuándo, dónde y con quién.

Con quién significa con tus personas amadas, por ejemplo. Esto es totalmente aplicable al ámbito de la pareja: celebrar las pequeñas victorias de la relación, así como la consecución de los objetivos de uno de los integrantes, en compañía de nuestra pareja. Con ello, conseguiremos estar aún más unidos.

La felicidad entre dos

Sabemos que, de todas las fuentes de felicidad y plenitud, el amor ocupa una plaza primordial, pero la cuestión es que la única persona que nos puede hacer felices somos nosotros mismos.

En este sentido, se diría que la felicidad es una actitud más que un sentimiento. Un sentimiento sería la alegría, porque siempre sabemos si estamos alegres o no. Pero ¿cómo saber si somos felices? Desde luego, la felicidad pequeña y la grande contribuyen a saberlo, pero es algo que solo depende de nosotros. Nadie puede hacernos felices, si bien tenemos la capacidad de sentirnos felices por tener a una persona especial al lado.

¿En qué se diferencia la felicidad pequeña de la felicidad grande? Tomamos la definición del libro *El buen amor en la pareja*, de Joan Garriga. Según él, la felicidad pequeña es aquella que buscamos constantemente y que sentimos cuando las cosas nos van bien. La felicidad grande, en cambio, es aquella que aporta un soplo feliz a nuestra vida incluso cuando las cosas se tuercen: es la felicidad que viene con independencia de las circunstancias; no tiene una razón concreta que la justifique.

A parte de procurarnos las pequeñas felicidades que provienen de hacer lo que nos gusta, de obtener lo que deseamos y queremos, es esencial tener en cuenta esta felicidad grande. Es decir, debemos estar atentos a sintonizar con lo que la vida nos da y nos exige, aunque no encaje con nuestros deseos personales. Además, la felicidad grande hace a las personas más fuertes porque las obliga a enfrentarse a lo real, a los asuntos difíciles y apasionantes de la vida, como sería la muerte de un ser querido.

FACILITAR EL AMOR FELIZ

Según el teólogo, pedagogo y filósofo alemán Bert Hellinger, padre de las constelaciones familiares (terapia que se basa en la observación de cómo los miembros de una familia se influyen mutuamente en sus comportamientos y en su salud), hay tres expresiones mágicas que abren la puerta de la felicidad en la pareja: «sí», «gracias» y «por favor». No olvidarnos de pronunciar esas palabras es, en sí, una pequeña victoria que celebrar entre dos.

Por su parte, Joan Garriga propone que la mejor manera de facilitar la felicidad es convivir con amor. Por lo tanto, la felicidad individual adecuadamente orientada puede mejorar la colectiva.

Para conseguirlo es menester que cada uno tenga su propio proyecto de felicidad y que después sea capaz de expandirlo a su pareja y al resto de sus seres queridos, así como a la sociedad en general. Siempre teniendo en cuenta que la necesidad de unión e independencia de cada ser humano y de cada pareja es diferente.

Este autor señala que, curiosamente, la mayoría de los estudios coinciden en reconocer que el índice de felicidad es mayor entre personas de 55 años o más. Si hay salud, más que a un cambio de circunstancias, se debe a un cambio de actitud, impactando este en la pareja, «con mayor pertenencia y fusión, con un mayor entendimiento, comprensión y respeto. Con una mayor alegría, gozo y sentido del presente». Deberíamos tomar consciencia de esta realidad antes para no pasarnos nuestra vida amorosa persiguiendo quimeras. Recordemos que solo se puede amar desde la realidad. Eso facilita la felicidad.

Así, en el amor también reside el dolor. Y abrirse al dolor, y aceptarlo, es necesario e inevitable. Si no lo hacemos, nuestros vínculos no pueden ser significativos. El dolor también une mucho. Vivir es un abrir y cerrar frente al dolor y la felicidad. Por ello, es feliz y tiene éxito aquel que sabe estar en sintonía con las dos fuerzas de la vida: la expansión y la retracción, la pérdida y la ganancia; un doble movimiento, como el del corazón o el de los pulmones: sístole y diástole, inspiración y espiración. Es en el latido de la dualidad donde se expresa la vida.

Dejar atrás a los ex

Por último, hay otra clase de pequeñas victorias que podemos celebrar. Hemos apuntado que el amor y el dolor van de la mano. En ese sentido, es muy importante tener presente que para superar una ruptura, tenemos que vivir el dolor y no reprimirlo. Liberando todas las emociones acumuladas, podemos dar paso al futuro y construir nuevas relaciones, sin que las anteriores interfieran. Resulta fundamental en esta construcción que, a pesar de los errores cometidos, agradezcamos lo que las personas que estuvieron en nuestra vida nos enseñaron. Hay que agradecer y soltar el amor pasado para dejar ese espacio al amor presente.

Esto es doblemente interesante y difícil en una sociedad tecnológica, donde las redes sociales, en vez de ayudarnos a reconocer a los demás, hacen de nosotros un permanente anuncio y nos convierten en nuestro único referente.

Aunque no nos demos cuenta, las redes sociales no dan la verdadera imagen de la persona; alejan la realidad y motivan la idealización. Nos muestran en el escaparate como si fuésemos bienes y, muchas veces, nos despojan de la humanidad de lo real, de las debilidades y fortalezas que nos dan nuestra verdadera identidad. Y esto es justo lo que no conviene para poder amar bien.

Al igual que en las redes sociales se ha perdido el sentido del misterio y de lo sublime que este contiene, que es la posible sorpresa, lo mismo ocurre en las parejas. A veces, el silencio sería un gran ayudante para que las relaciones se viviesen con más tranquilidad y libertad.

5. Compartir los momentos importantes de la existencia

Los rituales, las fases, las etapas de nuestra vida nos anclan al presente y nos hacen reflexionar sobre lo que queremos construir en el futuro. Sarah Ban Breathnach, a quien hemos aludido en un capítulo anterior, plasmó estos procesos en papel con el fin de destacar la importancia de vivir con consciencia, haciendo un repaso de las etapas de la vida y de los rituales que seguimos en ella.

Porque aunque no lo parezca, y pese a que identifiquemos ritual con rutina, resulta esencial crear rituales personales, dar a ciertos momentos de la vida un sentido especial que nos pertenezca. Una muestra de ritual en pareja sería celebrar el día en el que os conocisteis. Ir cada año a donde os besasteis por primera vez o a donde os confesasteis vuestro amor. Hacerse una foto juntos de domingo, como hacen un famoso modelo y su esposa, quienes la publican en la cuenta de Instagram desde que empezaron su relación. Ese romanticismo se llama ritual, un ritual de unión más allá de las convenciones (como un compromiso legal, por ejemplo).

No hay ritual pequeño, por absurdo o irreconocible que creamos que es, que no conecte tanto al individuo con su forma de vida elegida como a una pareja que comparte una relación. Incluso el momento de sentarse a tomar una copa de vino al final del día y charlar o mantenerse en silencio disfrutando de esa compañía tranquila es un preciado ritual. Pero hay que reconocerlo.

Una estupenda forma de valorar los rituales de amor es crear nuestro calendario de momentos «celebrables». Al igual que tenemos un calendario estructurado que marca nuestra cotidianeidad y nuestras jornadas profesional y vacacional, podemos tener nuestro calendario del amor.

¿Por qué no? ¿Por qué no ritualizamos las fechas importantes, las convertimos en algo para repetir y recordar? Más allá del cumpleaños, de la onomástica. Porque al final de la vida, lo único que cuenta verdaderamente son los momentos vividos, especialmente los que nos procuraron instantes de alegría.

Según los psicólogos, la forma en la que se inicia una relación resulta de vital importancia para entender y explicar su evolución posterior. Este hito podría marcarse como central en el calendario. Después, dado que la pareja mantiene su sentido mientras sigue siendo nutritiva y creativa para sus miembros, podríamos incluir cada hecho significativo para los dos. Atención, porque se trata de un calendario de dos. Si cada uno intentara reflejarse a sí mismo (hoy en día hay un culto al individuo, como hemos comentado), el calendario reflejaría un problema de base que, a priori, no sería la falta de amor entre los individuos, sino la falta de un buen amor.

Porque lo que estamos intentando es compartir los momentos importantes de la existencia del amor.

«Salud contagiosa»

¿Por qué es tan importante compartir estos momentos por nimios que nos parezcan? Para comprenderlo, me gustaría hablar del libro *Las etapas críticas de la vida,* de Ruediger Dahlke.

En su técnica terapéutica, este médico y psicoterapeuta alemán recurre tanto a la ciencia moderna como a las tradicionales, y no diferencia entre síntomas físicos o anímicos. Decidió llamar a esta orientación «salud contagiosa».

Desde 1978 dirige junto a su esposa, Margit Dahlke, el Centro de Curación Johanniskirchen, en Alemania, donde tratan sobre todo el desarrollo psicosomático de las personas, dedicándose especialmente a todos los aspectos espirituales vinculados a él.

Su primer libro, *La enfermedad como camino* (1990), revolucionó el concepto de enfermedad y ayudó a la interpretación de los mensajes del cuerpo. Desde su punto de vista, la salud va en concordancia con nuestros deseos y cuando tenemos un revés en ese sentido puede aparecer un problema que va más allá de un simple dolor físico. Por eso Dahlke afirma: «Durante mis años de estudiante y de trabajador en hospitales solo oía hablar de enfermedades contagiosas, pero a mí me interesa muchísimo más la "salud contagiosa" que surge del ser humano y que reside en la sabiduría de nuestra alma».

La salud, la buena salud del alma, se «contagia» amando bien, de ahí la importancia de compartir los momentos importantes de la existencia. La compañía y el contagio de la alegría juegan un papel fundamental en la vida de las personas.

En una entrevista posterior, Ruediger Dahlke también contó que el estado de salud plena no se puede alcanzar porque no es una meta inamovible (cambiamos con el entorno, que nos influye), pero que aprender a escucharse a uno mismo e intentar fluir con estas circunstancias contribuye a mantener y respetar las leyes de la vida y de la salud, en especial, tres reglas, según él, esenciales:

1. Encuentra tu verdadera esencia y deja que florezca.
2. Sé consciente de tus miedos.
3. No sigas estando sujeto a normas o principios que ya no te aportan nada.

A estas tres normas básicas, deberíamos añadir dos «leyes globales de la vida»:

1. La **ley de la polaridad**, pues cuando ambos polos se relacionan, juntos forman la unidad. El miedo que puedas tener hacia algo puede ser lo que te acerque a tu verdadera esencia. De ahí que mu-

chos atletas profesionales condecorados tengan en su biografía algo que les impedía lograr precisamente lo que consiguieron al vencer ese miedo.

2. La **ley de la atracción** plantea que allí donde ya existe algo es más fácil que llegue más de lo mismo. Cada persona recibe lo que atrae; cada uno está preparado para lo que le ocurre. Por eso es tan importante rodearse de las personas adecuadas.

Compartir de verdad

Tras destacar el valor de ritualizar, es interesante que revisemos qué significa compartir para amar, o amar compartiendo.

Diríamos que el hecho de compartir es real y auténtico cuando la pareja se siente pareja, y no cuando los miembros definen su relación simplemente como «estar con alguien». El verdadero significado de compartir es sentir que el otro es un compañero. Si solo está para llenar un vacío, vamos por el camino equivocado. Probablemente, el camino del vértigo, recordemos.

¿Cuándo estamos compartiendo?

Cuando vivimos entre dos los momentos importantes de la existencia. Cuando nos entregamos a las situaciones tanto bellas como críticas para decirle al otro «te quiero y te elijo», con o sin palabras. Esa es la manera sana de compartir: no hacerlo por miedo o necesidad, sino por el simple hecho de saber que compartiendo se crece más como persona y como pareja.

También el dolor se comparte: precisamente puede suceder que en las grandes pérdidas se obtengan las mayores ganancias en aprendizajes, espiritualmente hablando.

Además, y siguiendo la línea de que compartir no equivale a necesitar, tengamos presente que una pareja no es una relación entre madre/padre e hijo/hija, por lo que tiene que haber una igualdad de rango entre los miembros. No es casualidad que la palabra *pareja* proceda de par, de iguales. No estamos compartiendo cuando le decimos o le hacemos sentir al otro que sin él ya no habría vida para nosotros. Es un chantaje emocional y una carga enorme que nada tiene que ver con el buen amor.

En este sentido, es bien sabido en la práctica psicoterapéutica que reconciliarse y aceptar a los padres contribuye a liberar la relación de esquemas dañinos. Quienes no toman estos patrones como parte de su historia amorosa se sienten más plenos como adultos y pueden mirar a la pareja como a un igual. Cuando arrastramos problemas relacionales con nuestros padres, estos pueden contaminar la dinámica de la relación.

LA PAREJA EN POSITIVO

Citando de nuevo al amigo y maestro Joan Garriga, en su libro *El buen amor en la pareja* meciona a Arnaud Desjardins, discípulo del sabio hindú Swami Prajnanpad, quien explica en *Una vida feliz, un amor feliz* los cinco criterios que su maestro le enseñó para reconocer el valor profundo de una pareja.

Si estos parámetros se cumplen, la pareja vive en armonía y sus asuntos son alegres y serenos, y comparten los momentos importantes de la existencia de una manera sana:

Criterio 1. Que sea fácil, que fluya sin demasiado esfuerzo. Cuidado: el vínculo crece con fuerza en el intercambio positivo y fácil, pero también en el negativo y difícil.

Criterio 2. Que se trate de dos naturalezas no demasiado incompatibles o diferentes, que la comprensión del otro no esté más allá de nuestras capacidades, algo que no detectamos cuando estamos fascinados por el otro.

Criterio 3. Que los miembros de la pareja sean verdaderos compañeros y se sientan como tales. Que haya amistad, porque eso no se desgasta con el paso de los años.

Criterio 4. Que haya fe y confianza plena en el otro, sin miedos y de buena fe.

Criterio 5. El más difícil de cumplir: el deseo espontáneo de que el otro esté bien por encima de nuestros miedos o carencias. La palabra *espontáneo* es el epicentro de la cuestión, porque hablamos de un sentimiento que se da o no se da. Vemos al otro desde el corazón, y no desde nuestras proyecciones o anhelos.

Apliquemos esta máxima, en definitiva: debemos compartir todos los momentos de la existencia, y no solo los especiales, con aquellas personas que son importantes para nosotros, en coherencia con nosotros mismos y en consonancia con los vínculos relacionales sanos.

6. Reconocer las mejoras del ser amado

En el momento en que estamos compartiendo, amando y comprendiendo, estamos cuidando. En el amor, cada día es un reconocer al ser o a los seres queridos y, en este volver a conocer, ver las mejoras del otro es primordial. El hecho de reconocer las mejoras guarda íntima relación con la mirada apreciativa que hemos abordado en la primera parte de este libro.

Por desgracia, algo que parece tan cotidiano y en principio sencillo no nos es connatural. El caso es que no hemos sido educados en la cultura del reconocimiento. Por ello, nos da miedo admitir los méritos del otro y lo que es peor, demasiadas veces no sabemos cómo hacerlo, cómo demostrarlo. Pensamos que hacerlo es un ejercicio de habilidad y, sin embargo, solo debemos centrarnos en el afecto que sentimos por el ser querido para poder expresarnos.

Reconocer que el otro mejora es una manera de evidenciarlo en positivo y, con ello, de hacerlo feliz, de hacerle comprender que nos damos cuenta de los esfuerzos que hace por crecer intelectual, emocional, espiritual y físicamente.

Con todo, los puntos buenos nos cuestan, mientras que si observamos, nos daremos cuenta de que hay muchas parejas que se dedican a señalar las faltas del otro. Lo malo. Hacer este ejercicio es poner en relieve las palabras de Baltasar Gracián «quien critica, se confiesa».

Además, al reprochar estas faltas, las personas no suelen pensar en las suyas propias, los errores se aíslan y se reducen al individuo, lejos de mejorar la relación, que es de dos. Tan acostumbrados estamos a señalar el error que es raro ver a una pareja longeva recalcar todo aquello que el otro hace bien. Es rarísimo, muy poco común. Y es también una lástima, un mal que podemos remediar.

¿Recordáis el efecto espejo y la enseñanza de que el problema que está en nuestro interior se refleja en nuestra vida? Cuando queramos echar en cara al otro ciertas cuestiones, pensemos no solo en este aprendizaje, sino en el poder de la mirada apreciativa para activar el amor. Sí, hay muchas maneras de decir lo mismo, así que busquemos la menos hiriente, pues esa será la más constructiva.

TÚ POR TI Y YO POR MÍ. LO TUYO ES TUYO, LO MÍO ES MÍO

Las constelaciones familiares, un trabajo terapéutico desarrollado por el psicoterapeuta alemán Bert Hellinger que ya hemos citado en páginas anteriores, son un buen punto de partida para darnos cuenta de lo que nos pertenece y de lo que no, de las dinámicas emocionales que usamos y de las fallas que achacamos a otros, pero que podríamos atribuirnos a nosotros mismos.

Pero ¿qué señalan las constelaciones familiares? Lo sintetizamos en un par de frases: «Tú por ti, y yo por mí. Lo tuyo es tuyo, lo mío es mío».

Las constelaciones familiares abordan los problemas de relación con un enfoque sistémico teniendo en cuenta todo el sistema familiar de la persona y toda su red de vínculos. Revelan lo profundo, las dinámicas que están actuando sobre esa persona y sobre su entorno emocional inmediato.

Al distinguir y representar estas dinámicas podemos reflexionar sobre nuestras relaciones, entre ellas las de pareja, y ayudarnos a mejorarlas, ya que al ver la estructura de nuestros vínculos y sus consecuencias podemos hacer cambios si es necesario.

Y es que poner en valor al otro mediante comentarios sanos y apreciativos puede salvar relaciones. Y también desarrollarlas, expandirlas.

Es muy fácil atribuirles a los demás los defectos que nos son propios. De hecho, es lo mejor para nuestro ego. Evidentemente, es preciso recurrir al espíritu crítico para detectar qué es lo que no funciona, y encontrar ese punto de objetividad donde la proyección no se apodere de nosotros.

La mirada apreciativa como motor

Sobre la mirada apreciativa y el reconocimiento de las mejoras del ser querido, quiero contar una historia real maravillosa, que sirve como ejemplo para trasladar a la relación amorosa.

Pero antes de comenzar con la historia, deseo recordar los ingredientes necesarios para aprender del otro:

- El **entusiasmo**, para el que el esfuerzo en sí mismo no es el fin, sino el instrumento.
- El **conocimiento**, que va de la mano con el amor. Cuanto más conoces, más amas y cuanto más amas, más quieres conocer.
- El **respeto**, por encima de todo.

Con respecto a las relaciones, ¿qué caracteriza a los miembros de aquellos equipos que alcanzan el éxito? Fundamentalmente, tres cosas: se respetan entre ellos, se admiran (y por lo tanto se imitan en lo positivo) y, sobre todo, se tienen un gran afecto.

Dicho esto, os propongo adentrarnos en la historia personal de Kenzaburo Oé, el segundo premio Nobel de Literatura japonés. En su libro *Una cuestión personal* cuenta que cuando su esposa estaba embarazada viajó a Hiroshima para entrevistar a los médicos que trataban a las víctimas de la radiación. Sabía que su hijo nacería con daño cerebral. Su mujer quería tenerlo, pero él prefirió esperar a terminar las entrevistas para decidir si Hikari debía venir al mundo a pesar de que era necesario seccionar una parte de su cerebro y de que eso podría generar muchos daños colaterales.

Durante ese viaje descubrió lo que era la longanimidad —la capacidad de superar reiteradamente la adversidad— y, finalmente, decidió dar la oportunidad a Hikari de vivir, porque había visto historias tremendas de superación y esperanza. Su hijo nació con autismo y muchos problemas añadidos, pero gracias a la mirada apreciativa de sus padres todos esos problemas se transformaron en amor. Aunque parecía que el niño estaba en estado vegetal, ellos se mantuvieron esperanzados y pacientes.

Un día descubrieron a Hikari fascinado por el canto de los pájaros. Le compraron grabaciones y, para su sorpresa, Hikari conseguía diferenciar y reconocer por su canto a todos los pájaros que escuchaba. En ese momento, llamaron a una profesora de música para que enseñara a Hikari a tocar partituras de Mozart, pues constataron que su hijo tenía sensibilidad musical.

Al cabo del tiempo, el niño empezó a componer estructuras muy parecidas a las composiciones

PEQUEÑOS GRANDES GESTOS

Valorar y sentirnos valorados no depende de grandes acciones, sino de reconocer pequeñas cosas del día a día que enriquecen una relación. Estos pequeños gestos se vuelven grandes si ponemos en juego la mirada apreciativa, si hacemos notar al otro que su actitud y su compromiso mejoran, y que es bueno en sus aportaciones a la pareja.

Entre estos pequeños grandes gestos podemos enumerar:

- Respetar el silencio y el espacio personal.
- Escuchar activamente.
- Apoyar anímicamente en los proyectos personales.
- Entender los problemas familiares.
- No temer a la vulnerabilidad y comunicarse sin tapujos.
- Ser sincero.
- Cuidarse físicamente.
- Preservar los detalles de la relación.
- Regalarle tu tiempo.
- Disculparse.
- Agradecer y pedir por favor.

básicas de Mozart. Hoy, Hikari Oé es uno de los autores de música clásica contemporánea más vendidos y admirados del mundo.

Este es un ejemplo de la capacidad de transformación que tenemos gracias a los demás. Es el verdadero poder de la mirada apreciativa. Porque el aprendizaje verdadero y radical solo puede nacer de un amor igualmente verdadero y radical.

Es exactamente lo que debemos dar y recibir al amar: una mirada apreciativa llena de amor. Solo así avanzaremos en el reconocimiento del otro y de sus mejoras.

III. AMAR ES INSPIRAR

Decimos que amar también es inspirar. Pero ¿inspirar qué? ¿Logros? ¿Aptitudes? ¿Actitudes? ¿Más amor?

¿En qué medida somos inspiradores? ¿En qué medida somos la inspiración de otra persona, de los seres queridos? Está claro que a los hijos los inspiramos con nuestro ejemplo, les mostramos cómo hacer. Ya lo advierte el dicho: «No prediques, tu hijo te está mirando». También nuestros padres se sienten inspirados con nuestro esfuerzo, con la manera que tenemos de aplicar los valores que nos han inculcado.

Sí, nuestra conducta, incluso nuestros comportamientos más profundos y radicados en el amor, es inspiración. Porque inspirar es hacer grande la vida del otro, es decir, darle más posibilidades de realización.

Amar inspirando es ofrecer la posibilidad de que la vida de la otra persona tenga más recursos, más oportunidades, más oxígeno. Inspirar es elevar. Elevar las posibilidades concretas y reales, las posibilidades de narración subjetiva que hacemos de la existencia. Es decir, lo que creemos que podemos llegar a ser. De hecho, en las historias personales siempre existe aquel que con su apoyo, con su amor, alimenta el cumplimiento del sueño del otro.

Pensemos por un momento en las palabras de la lúcida terapeuta estadounidense Byron Katie, autora del método de cambio personal *The work*. Según Katie, teniendo en cuenta que el principal problema del ser humano es que se cree que es alguien, podemos preguntarnos: «¿Quién serías tú si no tuvieras la presión de tener que ser alguien?».

Si no nos viéramos forzados a complacer a los demás, a que nos reconozcan por algún logro en particular, seríamos más libres de comunicarnos desde la serenidad. Si viviésemos libres de la necesidad de reconocimiento por parte de los demás, sentiríamos paz de espíritu y nuestro amor fluiría limpio y tranquilo entre nosotros. Parece ser que estamos tan contaminados de tantas cosas, que amar resulta un ejercicio difícil en medio de tanto ruido.

Y ahí está la alegría de la libertad de amar desde lo que somos, impulsando serenamente las capacidades del ser amado con nuestro apoyo, y de saber y sentir que, al hacerlo, uno crece también. Yo gano, tú ganas.

Hermann Hesse decía que él había amado y se había encontrado a sí mismo, contrariamente a la mayoría, que amaban para perderse. También Stefan Zweig afirmaba al respecto, que en el encuentro verdadero y amoroso con el otro nos conocemos profundamente a nosotros mismos y que «si yo te miro a ti y veo que también eres yo, algo en lo esencial se calma».

En definitiva, amar es inspirar porque nos conecta al otro; el ser amado crece, uno mismo también y, además, la vida nos regala algo sorprendente, la práctica del autoconocimiento. Ese es el secreto de la inspiración: creer que estamos inspirando al otro, cuando, en realidad, nos inspiramos a nosotros a autodescubrirnos. Somos, en definitiva, espejos frente a espejos.

En esta última parte del libro, deseo acompañaros en una reflexión muy especial en torno a las herramientas que tenemos para que la persona amada pueda encontrar sentido o sentidos a su vida. En este camino, como acabamos de referir, nos podemos encontrar a nosotros mismos, con magia. Con amor.

1. El sentido de la vida en plural

Para empezar, o mejor dicho, continuando con la idea de que el verdadero amor se cultiva en uno mismo para poder trasladarlo al otro, para poder compartirlo, quiero sacar a colación unas expresiones muy habituales: «Tú das sentido a mi vida» o «Lo único que tiene sentido en mi vida eres tú». Por desgracia, el buen amor no se refleja en estas palabras. En ellas encontramos dependencia, un apego que deja de lado esa verdadera fuente de inspiración que podemos ser nosotros mismos.

Como expresa Viktor Frankl en su obra caudal *El hombre en busca de sentido*, el sentido de la vida es en esencia personal. Individual, propio y bello. Quizá podemos incluir en este sentido propio un proyecto común con los seres amados, aunque el todo nos pertenezca.

¿Qué sucede entonces cuando dos personas comparten un proyecto y quieren buscarle un sentido común a aquello que están construyendo juntos?

Necesitamos claves para modelar un sentido de la vida en plural. Pero uno coherente y verdadero, exento de apego insano y de pérdida de vista del sentido de cada miembro de la pareja.

Por este motivo quise incluir en mi libro *Palabras que curan* un capítulo dedicado al amor, donde explico por qué el amor es vida y la vida es amor. Sin embargo, también hago hincapié en que existen elementos que indican si ese proyecto común se mantendrá o no en pie.

Los soportes del amor

Cierto es que solo nos enamoramos una vez de la misma persona, pero también que podemos quererla durante toda la vida. Con todo, necesitamos reforzar esa relación, que se sujete sobre unos ejes bien cuidados y resistentes.

Así, los psicólogos expertos en relaciones de pareja hablan de cinco elementos fundamentales que sostienen el amor. Con ello subrayan que estos soportes actúan como las patas que sostienen una mesa. Aunque la mesa podría aguantar en pie sobre tres de sus patas, es evidente que lo haría de forma más precaria. Se movería y su inestabilidad no despertaría confianza. Sería incómoda y fácilmente descartable.

Por ello, conservar todos los soportes del amor es un trabajo deseable. Pero la relación siempre se sustenta entre dos, así que si ambas partes deciden nutrir esos soportes, la mesa de la relación no solo se sostendrá sobre cuatro patas, sino que tendrá una más que le aportará un equilibrio adicional.

Las cinco patas del amor se pueden describir como:

1. **Buen entendimiento físico, desde la ternura hasta la sexualidad.** Una pareja que renuncia al placer de los cuerpos no puede funcionar, si bien solo con actividad sexual tampoco sería posible. Desde la ternura hasta la lujuria, todo suma en el reconocimiento del ser amado a través del placer regalado y expresado en las cari-

cias, los besos y el encuentro de los cuerpos. Hay, en este sentido, cuatro reglas de oro para el sexo cómodo que comparte el experto Antoni Bolinches:

Haga todo lo que quiera,
no haga nada que no quiera,
hágalo siempre desde el deseo,
no haga nada contra sus valores.

Para conseguir una vida sexual plena necesitaremos también de la iniciativa, de preservar una frecuencia satisfactoria, de compartir rituales y de trabajar en la resolución, en el placer de ambas personas. Recordemos que la sexualidad no supone dar y recibir, sino compartir en igualdad de rango.

2. **Compatibilidad de caracteres y confortabilidad en la relación.** ¿Nos sentimos cómodos compartiendo cotidianidad con nuestra pareja? ¿Estamos bien en el día a día en casa? ¿Es agra-

dable viajar juntos? ¿Nos sentimos cómodos compartiendo espacios de vida y de convivencia? Ya puede haber buen sexo que si en la cotidianidad hay incomodidad, tensión o desencuentros, la relación será difícilmente sostenible en el tiempo. Esta segunda pata no se suele poner a prueba hasta que la pareja decide convivir. La convivencia puede ser el laboratorio o campo de pruebas de las relaciones amorosas.

3. **Compartir una manera de ver el mundo. Compartir valores.** ¿Tenemos valores compartidos con nuestra pareja? ¿Ocupan estos valores un orden determinado que también compartimos? Nuestros valores esenciales (como la lengua, la ideología política o el credo religioso), funcionales (como el trabajo) y los hábitos a partir de los cuales se crea un estilo de vida común con la pareja, como el ocio o la alimentación, ¿son muy distintos? ¿En qué grado los compartimos con el otro? Si nuestros valores son muy distintos será muy complicado que la relación se sostenga a largo plazo. Las diferencias en estos tres elementos pueden revelar debilidad en esta tercera pata del amor.

4. **Un proyecto de vida compartido.** Este soporte tiene mucho que ver con el sentido de vida indi-

vidual y con que el amor nos lleva a sumar nuestro sentido al de la otra persona y a ayudarnos mutuamente para sentir que vivimos en función de lo que nos da sentido. Partiendo de esta idea, el sentido compartido tiene su base en la llamada teoría de las dos naranjas. Dejemos de buscar a nuestra media naranja, como si estuviésemos incompletos o perdidos, y busquemos una naranja entera, adulta y con autonomía, cuyo proyecto tenga puntos en común o convergencias con el nuestro. Eso facilitará inmensamente la relación y evitará simbiosis y dependencias que acabarían destruyendo la calidad del vínculo.

5. **Orgullo social.** ¿Nos sentimos orgullosos de ir con nuestra pareja por el mundo? ¿O nos incomoda cómo puede reaccionar nuestra pareja en la relación con los demás, su manera de mostrarse, vestir, expresarse, desenvolverse? ¿Nos hace inspirar aire y nos llena de alegría que la persona que va con nosotros por el mundo sea quien es y como es o nos avergüenzan sus maneras o nos violentan sus ademanes? No se trata aquí de vanidad o de arrogancia, no se trata de ser orgullosos, sino de sentirnos orgullosos de nuestra pareja. Un orgullo sereno y pleno. Se trata incluso de que se nos ponga la carne de gallina por ir de la

mano, del brazo o simplemente por tener al lado a esa persona que amamos y sin la cual, estamos seguros, la vida sería en blanco y negro.

Aprender el amor

De todas estas leyes y variables, podemos extraer una pequeña pero gran enseñanza: así como el tiempo puede desgastar, cambiar o mejorar una situación, y así como aprendemos a sobreponernos y nos entrenamos para adaptarnos y sacarle el máximo partido, si queremos cuidar y potenciar la estabilidad de nuestra pareja dentro de unos márgenes saludables, debemos atenernos a la afirmación del filósofo Erich Fromm: «El amor es un arte».

También el poeta latino Ovidio lo explica en su *Ars amatoria*: tenemos siempre mucho que aprender en el amor. Como grandes y aplicados aprendices, aunque pensemos que el amor es un sentimiento indefinido, también es una práctica. Sí, en efecto, el amor se trabaja. Por lo tanto, requiere del aprendizaje consciente y del esfuerzo para que pueda dar resultados saludables, tanto para uno mismo como para la persona amada.

¿Cómo podemos aprender a esquivar la rutina de la convivencia, a evitar la mala comunicación, a fomentar el acercamiento en cuanto a valores y principios?

¿Cómo podemos asegurar los soportes del amor?

En primer lugar, a pesar de que la convivencia pueda revelar fricciones, con el tiempo es el mejor escenario para madurar como persona. Para ello, la pareja debería funcionar de manera complementaria, de forma que cada miembro tenga su espacio personal y además los dos compartan uno común.

Si esto no es así, la relación peligrará, porque se desprende que existe dependencia (uno de los miembros de la pareja no tiene ni concede espacio propio al otro), y toda dependencia acaba a la larga en asfixia y, eventualmente, en muerte.

La cuestión útil en ese espacio común no es ceder al deseo del otro, sino concederle aquello de lo que nos veamos capaces y fomentar la buena relación, sin que ello nos aleje de quienes somos. La afirmación de la relación por complacencia o adaptación al otro no debe nunca suponer la negación de la propia identidad.

Por otra parte, y entrando en lo obvio, los celos, las mentiras, las obsesiones..., todo ello daña la estabilidad de las cuatro patas y puede acabar con el equilibrio y desahuciar a la pareja. Estas fricciones pueden surgir cuando conocemos más al otro y también cuando empezamos a conocer sus vínculos familiares y los problemas derivados de estos.

Las parejas con ideas contrapuestas pueden funcionar perfectamente cuando esa diferencia contribuye a enriquecerlos, pero no si estas desavenencias son radicales. Es decir, si afectan a temas sustanciales que no puedan conciliarse.

En el caso de que una parte de la pareja disfrute de algún tipo de proyección pública, pueden aparecer otros elementos exógenos que interfieren en la rutina. La imagen pública puede generar enamoramientos por admiración, algo que podría abrir la vía de los enamoramientos alternativos, sobre todo en los hombres. Si es ella la que goza de reconocimiento, esto puede despertar inseguridad en el hombre o propiciar que ella busque otro al que poder admirar, a falta de admiración por su pareja. De estos modelos de relaciones se viene hablando con profusión en los últimos años. Con el cambio de estructura social y el presente papel de las mujeres, los roles de pareja se ven cuestionados, y hay hombres a los que les cuesta especialmente encajar el éxito o la grandeza de sus parejas.

¿Por qué? Porque, viendo el pasado de las relaciones, hoy en día la mujer se siente decepcionada frente al hombre y el hombre se siente desorientado frente a la mujer. Las mujeres desean relaciones igualitarias, mientras que muchos hombres quizá siguen pensando en relaciones basadas en el modelo ancestral de dominancia-sumisión. Eso dificulta mucho las relaciones y «la mujer está pagando su maduración y su éxito profesional y social con soledad emocional», insiste, siempre lúcido, Antoni Bolinches, de quien recomiendo vivamente la lectura de su obra completa si se desea profundizar en las cuestiones que nos ocupan en este capítulo.

¿Qué es la plenitud inspiradora?

Finalmente, creo que es fundamental hacer una reflexión sobre la plenitud en la pareja. ¿La plenitud en el amor nos la da el otro o la manera que tenemos de compartir la vida con él? ¿Sería ese proyecto la sexta pata del amor?

Más allá de los cinco pilares que sostienen una relación estable, hay parejas que renuncian a alguno de estos soportes —en especial, a la sexualidad— porque la compañía, el cuidado, la ternura y la amistad entre dos son muy importantes para ellos. Teniendo en cuenta que la sexualidad une y consolida al principio a la pareja, puesto que es la gran fuerza de entrada (lo que los psicólogos llaman fuerza mayor en el amor, creadora de vínculos inevitables), podemos entender el confort posterior.

Así es, para que una relación de pareja funcione tiene que haber confort relacional, valores compartidos, un complemento afectivo-sexual, un proyecto de vida compartido, orgullo social y, además, una subjetiva pero incuestionable sensación de plenitud.

Y esa plenitud, casi como una quintaesencia del amor, tiene dos síntomas evidentes: paz y alegría. Cuando estás con una persona y sientes paz y alegría, estás en plenitud. E insisto, no es una plenitud que te da el otro, sino que es una plenitud fruto de la interacción. De ambos. Es evidente que si no tienes ni paz ni alegría en ti mismo, difícilmente el otro podrá dártela; pero si la tienes y la relación es plena en todas sus dimensiones, no necesitas nada más para conseguirla. El otro, simplemente, te permite ser más tú mismo, más tú misma, y, al hacerlo, la danza del reconocimiento mutuo no acaba nunca. Yo crezco, tú creces, nosotros crecemos «en-amor-a-dos».

2. Maestros cotidianos

No hay mayor felicidad que saber que aquellos que conforman nuestro entorno son, para nosotros, maestros, personas a las que admiramos y de las que siempre podemos aprender algo.

Ya lo hemos dicho: el amor se aprende, el amor inspira. Y para aprender, para inspirar, para, en definitiva, amar, los aprendizajes continuos juegan un papel fundamental. Maestros de cada día, en forma de amigos, familiares y también parejas, las anteriores y la presente.

No es fácil conformar ese entorno nutritivo, pero hay que evitar tener alrededor personas que nos contagien energía negativa y, en cambio, acercarnos a aquellas que no solo puedan llenarnos de alegría o amor, sino también de conocimiento.

En este círculo personal, sin embargo, lo más importante es la consciencia.

Es muy importante saber reconocer a los maestros cotidianos y no encerrarnos en nuestras propias creencias o ideas. Porque, sin lugar a dudas, la interacción humana y los grandes vínculos de afecto resultan un excelente espejo en el que mirarnos y aprender. Esto no solo es válido para la pareja, sino también para la familia, los amigos y, muy especialmente, los hijos.

Si ese espejo va acompañado de reflexión surge la sabiduría. Ahí detectamos la figura del maestro cotidiano, que es quien nos hace reflexionar sobre nuestras conductas, pensamientos y, por qué no, sobre nuestros sentimientos. Todo espejo devuelve un reflejo, sobre todo de nuestro interior. Si en un espejo nos recreamos observando nuestra apariencia externa, en el comportamiento o comentario del otro podemos ver reflejadas nuestras buenas o malas actitudes. Todo vínculo sano es una oportunidad para aprender y mejorar. La culpa o el mérito no depende solo del otro, ¿verdad?

Los pros y los contras en el balance emocional

¿Cómo hacer un balance emocional? ¿Cómo mirarnos en el espejo que nos brinda un maestro cotidiano en forma de hijo, pareja, amigo o familiar? Poniendo los activos y pasivos de esa persona en nuestra cuenta del amor, los pros y los contras que supone para nuestra vida. Porque muy a menudo nos cuesta detenernos a reflexionar, este es un muy buen ejercicio al que por lo general estamos poco habituados. Una de sus bondades es que, si lo hiciéramos de vez en cuando, no iríamos acumulando agravios o pequeñas heridas emocionales que no expresadas a tiempo pueden provocar a la larga un estallido inesperado que deteriore gravemente el vínculo.

Con esta valoración periódica, podemos saber si esa persona suma, nos hace crecer, nos inspira, o resta, nos hace sufrir, nos bloquea y nos anula. Por ejemplo, algunos puntos a tener en cuenta en esta escala de valoración podrían ser:

- **Pro:** me gusta su alegría, su manera de cuidarme, su franqueza y delicadeza a la hora de hacerme ver aquello en lo que puedo mejorar.
- **Contra:** no me gusta cómo se dirige a mí cuando

está estresado o estresada o el lenguaje (ofensivo) que utiliza conmigo. Me duele cómo me trata a veces y siento que me ve más como a un objeto que como a una persona.

Está claro que para poder verbalizar o elaborar una lista de activos y pasivos de otra persona, primero debemos ser conscientes de todo lo que nos ocurre y sentimos cuando estamos con ella. Esta consciencia es una suerte, tanto cuando la persona aporta, pues nos sentimos reforzados por la alegría de tenerla cerca, como cuando resta, porque podemos plantearnos si deberíamos alejarla de nuestras vidas.

En ese sentido, no serviría de nada tener maestros alrededor si no fuésemos conscientes de esta suerte, por lo que la consciencia resulta fundamental para aprender. Más allá de sentir, hay que pensar en las relaciones, ser conscientes de ellas y saber ver qué nos dan. Porque el amor, para que crezca, no solo tiene que ser sentido, debe ser reflexionado.

La memoria y la culpa

Otra aptitud esencial para reconocer a los maestros cotidianos, además de la consciencia, es la memoria. No recordar las experiencias es fuente no solo de disfunciones en las relaciones venideras, sino también de conflictos de raíz psicológica. Desplazando de nuestra mente las experiencias anteriores, es fácil caer en las mitologías del amor, altamente nocivas para la pareja. Si idealizamos una relación y no queremos recordar que ciertas actitudes nos han hecho daño y que nos pueden volver a perjudicar, no solo no estamos aprendiendo, sino que no estamos eligiendo maestros cotidianos para nuestra vida. El secreto es ver al otro tal y como es, y no idealizarlo y agregarle virtudes que no tiene o quitarle defectos que nos alejarían de él. Este amor irracional es lo contrario a un amor sano y, por lo tanto, a un verdadero maestro cotidiano para nosotros.

Estimular la memoria supone poner a un lado los prejuicios y creer en el conocimiento. La memoria cognitiva, emocional, incluso me atrevería a hablar de memoria espiritual en términos de gratitud y humildad, es fundamental, crítica. Por lo tanto, hay que trabajar la memoria en su conjunto.

Los conocimientos pueden ayudarnos e inspirarnos. Es un placer poder rememorar aquello que en otro momento nos conmovió o aquello que creemos que le puede ser útil a un amigo, a tu pareja o a tus hijos, como lo son un libro, una película o un poema. Y, sobre todo, debemos tener memoria para la gratitud. Es fundamental acordarnos de aquellos que nos han ayudado y bendecido con su presencia. Creo, en fin, que debemos seguir trabajando la memoria como una pieza más de todo el proceso de humanización. Sin memoria no somos nada.

La memoria nos convierte en posibles maestros para el otro y, a su vez, es la que nos permite aprender de él. De ahí que no podamos beneficiarnos de este aprendizaje cuando existe dependencia: en una relación así, no hay interacción, sino unidireccionalidad. En palabras de Joan Garriga: «La pareja es una oportunidad de expansión», así como «una oportunidad para vivir la entrega y rendirnos a la realidad del otro», pues de ese modo nos rendimos también a la nuestra. ¿Qué es el amor sino la consciencia de unidad en la dualidad?

Con todo, es habitual en nuestra sociedad la nociva idea de que cuando se está en pareja debe darse la «renuncia de sí mismo», el paradigma del «ser para el otro», como escribe Simone de Beauvoir en

El segundo sexo. Esta creencia aún ejerce un peso considerable en muchas mujeres, a pesar de que hoy en día los valores hayan cambiado a mejor. Es la concepción de la mujer como pilar de la familia lo que puede provocar que ese pensamiento afiance un comportamiento que nos dañe a nosotros y a nuestras relaciones.

Lo conveniente es mejorarse a uno mismo para que el otro pueda extender su amor a ese desarrollo personal y aprender de nosotros, y viceversa. Si transformamos las oportunidades en éxitos y ayudamos y demostramos el poder de la autoestima y de la confianza, el vínculo se hará cada vez más fuerte y podremos seguir creciendo juntos.

El problema surge cuando la negociación en pareja excede los límites de lo razonable; es decir, cuando afecta directamente a la valía personal de una de las partes o cuando los pactos de convivencia fomentan la destrucción de alguno de los miembros de la pareja. Amar al otro no implica negociar ni, por supuesto, renunciar a los propios principios.

Sin embargo, la culpa puede ser un enemigo complicado en estos casos. Cuando surge la culpa y devora nuestros principios, podemos sentirla, proyectarla o esforzarnos por determinar cuál es nuestra responsabilidad real y actuar en consecuencia. Nuestra reacción marca nuestro nivel de madurez personal. Así, no debemos echarnos la culpa a nosotros mismos por defecto, así como no tenemos que proyectarla en el otro, porque lo que pasa entre dos nunca es responsabilidad de uno solo. La relación siempre se debe sostener entre todas las partes que la integran. Es importante aceptar la culpa para poder ejercer la autocrítica y convertir la culpa en responsabilidad. Aceptarla plenamente o eludirla enteramente no nos permitirá movilizarnos para mejorar la relación. Cuando algo no funciona, la cuestión es saber dirimir qué estoy poniendo yo, consciente o inconscientemente, y que está poniendo la otra parte.

Hacer que la culpa se convierta en responsabilidad nos ayudará a aprender de los errores y nos permitirá aumentar nuestro nivel de empatía para mejorar la calidad de nuestras relaciones.

Citando de nuevo a Bolinches, se tienen que dar tres requisitos para que un acercamiento afectivo sea exitoso:

1. Un nivel suficiente de seguridad personal, sabiendo quiénes somos y qué podemos ofrecer.

2. La asimilación productiva de experiencias pasadas, habiendo aprendido de las relaciones anteriores.

3. Una buena disposición interactiva para comunicarnos con eficiencia.

Asimismo, es importante tener en cuenta el nivel de aspiraciones y el nivel de posibilidades de cada una de las partes de la relación afectiva. Las aspiraciones hacen que nos creamos merecedores del amor de determinadas personas y las posibilidades delimitan el ámbito donde nuestras aspiraciones pueden ser correspondidas. Si supiésemos conjugar las dos sería ideal, pero no es lo usual. Aun así, ser conscientes de estas aspiraciones y posibilidades es un punto a nuestro favor y una manera inteligente de evaluar nuestras relaciones.

Por último, me gustaría destacar un factor interesante en nuestra capacidad para ver maestros en los demás, y es la figura de nuestros padres como fuente de aprendizaje. Es algo que nos afectará toda la vida, lo queramos o no. Quien haya tenido un buen maestro en la infancia, sabrá reconocerlo en la adultez.

La pertenencia a la familia es una bendición para nosotros, por eso necesitamos compartirla con otras personas, especialmente con la pareja. Eso sí, teniendo siempre en cuenta los límites del amor.

3. Nuevos proyectos, nuevas posibilidades

Hasta ahora nos hemos referido al gran proyecto del amor: el proyecto de vida compartido por dos personas que deciden acompañarse, cuidarse e inspirarse. Sabemos que todo proyecto exige unas bases y que se construye como un bello lugar donde reposar, donde crecer; como un hogar, pero en el sentido más emocional del término.

Un proyecto de pareja implica un compromiso para llevar una vida en común, e interesa que se acuerden las condiciones para poder impulsarlo. Por ejemplo, dónde se quiere vivir, si se desea tener y criar hijos, qué tipo de expresión afectiva y sexual resulta más satisfactoria... Con un compromiso entre manos, será un poco más fácil —*a priori*— luchar por la realización de la meta común, que es mantener el interés, la complicidad y el deseo por el otro.

No obstante, somos conscientes de que el proyecto, como las circunstancias, debe evolucionar para no desmarcarse de los valores, principios y necesidades de ambos miembros de la pareja. Es muy importante que lo revisemos para que no pierda actualidad ni coherencia, para que siempre nos resulte válido.

Hemos visto también cómo el proyecto de pareja puede conferir sentido a la vida de cada persona; nos da ganas de levantarnos de la cama y disfrutar cada día. Por eso, cuando un proyecto pierde validez, la relación puede quedar estancada e incluso destruirse.

Y es en este punto cuando los nuevos pequeños proyectos cobran importancia dentro del gran proyecto que es la pareja. Es decir, las nuevas acciones, planes o posibilidades se nos muestran para refrescar la fase que atravesamos, sea esta buena o no tan buena. Estos pequeños proyectos nutren la relación, le dan ritmo y permiten que las dos personas que se aman aporten, desde su faceta de maestros cotidianos, novedades que reaviven la llama.

Estos proyectos, al igual que el gran proyecto de pareja, deberían alimentar los ejes básicos del compromiso común:

- Combinar la necesidad de cada uno con la de ambos.
- Aceptar que el amor se transforma y que requiere de construcción permanente.
- Recordar cada día que valores como el respeto, la comprensión, el perdón, la humildad y el diálogo nos llevan lejos.
- Intentar vivir la ternura y la sexualidad como una expresión del amor.
- Dedicar tiempo tanto a los hijos como a la pareja.
- Negociar el sentido positivo del trabajo y del tiempo de ocio individual y en pareja.

Según este último punto, los nuevos proyectos y posibilidades son un elemento que comparten todas las parejas en algún momento; precisamente cuando quieren reinventarse o cuando sienten que transitan por un desierto emocional. Necesitamos, por lo tanto, recuperar la ilusión de la primera etapa de la relación.

¿Qué podemos hacer para abrir esas sendas hacia nuevos proyectos y, con ello, tener nuevas posibilidades como pareja?

¿EL AMOR SE ACABA?

Sobre la pérdida de la pasión, podemos mencionar algunas ideas interesantes. En su libro *El amor dura tres años*, Frédéric Beigbeder afirma que biológicamente la atracción tiene una duración determinada y que, en buenos términos, después suele convertirse en amistad, mientras que cuando no existen puntos en común, la falta de pasión da lugar a problemas de pareja. De hecho, hay una tesis biológica, en relación con las endorfinas, que dice que nuestro cerebro está diseñado para apasionarse durante un periodo delimitado para facilitar la reproducción humana. Por su parte, Walter Riso recuerda, en *Los límites del amor*, que el enamoramiento o amor romántico es de tiempo limitado (más o menos de dos a tres años) y que el único amor estable es el que surge de acuerdos, de la amistad de pareja y gracias a la afinidad en intereses básicos, como explicamos en este capítulo.

Os invito a pensar y a tener en cuenta estos tres pilares: ilusión, esperanza y horizontes.

Si atendemos a sus definiciones, entre las diferentes acepciones del diccionario, vemos que la *ilusión* es una «esperanza cuyo cumplimiento parece especialmente atractivo» y también una «viva complacencia». Por su parte, la *esperanza* es un «estado de ánimo que surge cuando se presenta como alcanzable lo que se desea». Y, por último, el *horizonte* no solo es «límite, frontera», sino que también es un «conjunto de posibilidades o perspectivas que se ofrecen en un asunto, situación o materia». Tenemos pues un fantástico triunvirato que nos da energía y ganas de seguir construyendo. Tenemos las herramientas para mantener vivo el sentido de vida en plural.

Quien tiene un para qué, un porqué para vivir, siempre encuentra cómo hacerlo posible. Creer es crear. Lo importante es tomar todo aquello positivo que está ahí, aunque a veces no lo veamos, y construir con ello una nueva realidad que prolongue y refuerce nuestro gran proyecto.

Con ilusión y esperanza sembramos o ampliamos horizontes con nuevas posibilidades en nuestras relaciones.

Una buena manera de reavivar la relación es participar juntos en actividades solidarias, ecológicas o creativas. Atención, siempre que estas sean del gusto de ambos; recordemos que también en las actividades se aplican los límites del amor. Al respecto, distinguimos estos límites cuando la vocación o los anhelos de uno pasan a segundo plano porque el «ser para el otro» impide el «ser para uno mismo». Porque el amor pierde su sentido vital no solo cuando no nos quieren bien, sino cuando nuestra realización personal se ve obstaculizada o cuando se vulneran nuestros principios.

En relación a estas nuevas posibilidades como un soplo de aire fresco en la relación, muchos autores defienden la idea de que el hombre tiende a tomar iniciativas para enamorar y la mujer tiende a adoptar actitudes para seducir; aunque, en realidad, hoy en día, creo que esta generalización está cambiando. Pienso que, a la hora de decidir y compartir ilusiones, esperanzas y horizontes, las relaciones del futuro serán igualitarias o no serán.

De *eros* a *eudaimonia*

Muchas personas temen el fin del amor. En este caso, supongo que es el amor entendido como deseo, entusiasmo, chispa, pasión, como estado biológico coronado por estímulos hormonales y neuronales. En conclusión, temen el final del *eros*.

Como hemos visto en este capítulo, el fin del *eros* es una cuestión casi científica, porque depende del funcionamiento natural de nuestro organismo, aunque en cierto modo también depende de lo que une a las parejas. Sabemos que el proyecto común, en cuanto a proyecto que engloba todos los elementos que contribuyen al sentido en plural, no se sostiene únicamente sobre el *eros*.

Los pequeños proyectos de los que hablábamos, basados en las ilusiones y en los horizontes, son la clave para hacer crecer y mantener el compromiso: gracias a ellos conseguimos que el *eros* se torne *eudaimonia*, que se traduce como «felicidad, bienestar, florecimiento humano, prosperidad». *Eros* precisa de mantenimiento, pero lo que realmente sostendrá y construirá el vínculo y su calidad es esta felicidad de compartir con el otro.

Porque en el camino hacia nuevos caminos, como recitaba el poeta Antonio Machado, «hoy es siempre todavía». Podemos descubrir y conquistar nuevos horizontes con esperanza e ilusión.

4. Acompañar sin someter

Acompañar sin someter equivale a amar sin depender. Ya hemos comentado muchas variables en relación a la dependencia y a cómo esta no tiene que ver con el buen amor, con amar de un modo saludable. Depender implica no estar, implica una relación de uno en la que una parte puede abusar o también saturarse por la falta de participación del otro.

La dependencia, el apego lleno de miedo, de falta de sentido personal, está conectada con la imagen de uno mismo. Para empezar, ser dependiente está relacionado con la autoestima, y en una pareja esta puede cambiar bajo la mirada del otro o por el peso de las expectativas o la culpa, por ejemplo.

A la autoestima tenemos que asociar también los conceptos de autoimagen y autoconcepto. Diríamos, para resumir, y de manera general, que hablamos de autoestima cuando nos queremos a nosotros mismos, de autoimagen cuando nos gustamos y de autoconcepto cuando nos valoramos.

Aunque la autoestima es un requisito imprescindible dentro del amor romántico, el buen amor, el que vale la pena, se alcanza y se elabora mediante el equilibrio y la gestión eficaz de la autoestima-autoimagen-autoconcepto de cada miembro.

Querernos para querer

Las personas con falta de autoestima pueden caer fácilmente en las garras de la dependencia, del apego no saludable, pueden no sentirse dignas de sus relaciones e incluso tener miedo al abandono. Esta carencia y este temor las pueden llevar a involucrarse, e incluso a obsesionarse, de una manera enfermiza en sus relaciones. Todo ello a costa de su comodidad, de su independencia emocional e individual, lo que acaba afectando a su relación con el otro y con ellos mismos.

La falta de confianza en uno mismo provoca un rechazo al cambio y, en consecuencia, el proyecto de pareja no puede evolucionar con solvencia y *eudaimonia*; cualquier atisbo de cambio se interpreta como una amenaza. Considerando que uno de los ingredientes de la estabilidad de una pareja es la aceptación de que el amor se transforma, de que el *eros*, el deseo, la pasión, se apagan, las personas dependientes viven negando una evidencia.

¿Cómo soportar esta falsa idea del amor?

El miedo al cambio se nutre del autoengaño. Es decir, la persona suele reprimir los recuerdos negativos de su pareja; prefiere eso a tener que confrontarlos. Además, le afectan mucho los mandatos sociales y le cuesta adaptar su comportamiento a situaciones novedosas, fuera de los hábitos de siempre.

Suelen tener creencias aplastantes como, por ejemplo, «la separación es un fracaso», «mi deber es luchar por el matrimonio», «la mujer es el pilar de la familia» o «amar es resistir». Estas consideraciones no se dan en las relaciones sanas. Recordemos otra máxima que también recoge el refranero popular, aquello de que «es mejor estar solo que mal acompañado». A esto quisiera añadir que es mejor estar solo, aun con miedo, que vivir en una relación que lenta y progresivamente nos va destruyendo.

En cualquier caso, tengamos una autoestima equilibrada o tocada, todos deberíamos evitar autocastigarnos o poner sobre nuestros hombros todo el peso de las falsas creencias y de las responsabilidades de una relación. Cuando somos dos, las responsabilidades son de los dos.

Por su parte, el aspecto psicológico que influye más directamente en la mejora de la capacidad de enamorarnos es el autoconcepto. Este nos permite despertar el interés de los demás porque depende de la toma de consciencia de los propios valores personales. Es obvio que valorarnos precisa de una buena autoestima, que ambos conceptos quedan interconectados.

En su origen, la autoestima se forma a partir de vivencias afectivas de la infancia, es consecuencia de lo que hemos vivido en etapas anteriores. En cambio, el autoconcepto está relacionado con la toma de consciencia de nuestras virtudes y valores personales, aquí y ahora.

En definitiva, la mejor manera de enamorar es madurar en un idilio con nosotros mismos, quererernos, reconocernos y aprender de nuestros fracasos. Para seducir al otro hay una tarea previa que nos debemos a nosotros mismos: seducirnos cada día mejor.

EL ARTE DE SEDUCIR

En psicología se suelen señalar cuatro actitudes primarias para seducir: el optimismo, la autoestima, la seguridad y tener mundo.

La autoestima es un pilar muy importante en nuestras relaciones, como venimos exponiendo. Si no nos amamos de verdad a nosotros mismos, los demás no podrán hacerlo y, aunque lo hagan, nosotros nunca nos sentiremos merecedores de ese amor. Es fundamental también amar lo que hacemos y cómo lo hacemos: sentirnos seguros de nuestras iniciativas —idea que desarrollamos en el próximo capítulo—. En cuanto a las experiencias acumuladas, nos hacen atractivos a ojos del otro porque disponemos de un bagaje interesante que nos puede postular como maestros cotidianos.

Amar y desear, la confusión

Al finalizar algunas de mis conferencias, hay personas que se acercan amablemente y me preguntan cómo pueden aprender a amar. Después de hablar de que la razón última para encontrar el sentido vital es el amor, algunos se ven confundidos porque mezclan amor y deseo.

¿Cuál es entonces la vía para ese buen amor, para acompañar sin someter?

El camino más seguro para amar es amarnos a nosotros mismos.

Cuestionándonos y desvelando nuestras falsas creencias, puliendo lo que pensamos y lo que sentimos con total honestidad, en equilibrio. No se puede amar a cualquier precio, porque entonces caemos en la sumisión o en la dominación.

Incluso cuando las relaciones se rompen por el motivo que sea, es bueno que prevalezca un núcleo de amor en ese vínculo, aunque en la forma ya no haya convivencia.

Cierto es que el equilibrio es complicado, pues depende de muchos factores de la personalidad: de cómo nos han educado, de cómo hemos vivido... Hay personas con más tendencia a dar y con más dificultad para recibir, y hay personas que tienden claramente a recibir, pero a las que les cuesta mucho dar.

Los reveses de la dependencia

Es probable que el hecho de dar de manera desmesurada acabe causando frustración. A veces, quien recibe mucho no sabe cómo devolverlo, y quien ha dado tanto siente la presión de seguir dando. A la larga, ese desequilibrio provoca un desgaste tanto del que da y no se siente compensado como del que recibe y, o bien se acomoda, o bien se siente abrumado.

Pese que a veces sepamos que no estamos correspondiendo al otro en igualdad, el secreto reside en saber aceptarlo de la mejor manera. Por ejemplo, con alegría y gratitud y con una muestra de amor hacia esa persona por el detalle. Es una forma bonita de compensar lo que recibimos, aunque para ello necesitemos ser humildes y estar abiertos frente al otro. He aquí la importancia de la gratitud como herramienta para tomar consciencia del valor de la entrega del otro y para hacerle ver que somos conscientes de lo que recibimos.

Queremos ser amados y amadas, así que empecemos por devolver una imagen de buen autoconcepto y buena autoestima al espejo en el que se mira nuestro ser querido. Como dice el filósofo Fernando Savater, «el buen amor siempre es recíproco, es una correspondencia gratificante».

5. Trabajar con pasión: amar lo que haces

En cuanto a la capacidad de ejercer como maestros cotidianos, nuestro oficio o nuestra misión de vida, que nos suele ocupar muchas horas al día, es un entrenamiento perfecto. De nuestro trabajo podemos obtener motivación, admiración, aprendizajes, más cuando coincide con nuestra misión vital.

Cuando el trabajo nos satisface, desplegamos amor, nos llena de amor, nos da fuerzas y recursos para vivir, materiales y emocionales.

Porque gracias al amor a nuestro trabajo podemos también inspirar al otro convirtiéndonos en un ejemplo. Ejemplo de cómo perseguimos y modelamos nuestros sueños, ya sea mediante la configuración de nuestra carrera profesional, ya sea mejorando cada día en un oficio que nos apasiona, ya sea, también, construyendo y promoviendo las condiciones para que nuestra familia viva con tranquilidad y en prosperidad. Amando lo que hacemos proyectamos amor, compartimos motivación, regalamos nuestro buen hacer al mundo y a nuestros seres queridos.

¿Qué sucede si en este trayecto las dificultades se multiplican y nos sentimos tentados a abandonar, como podría pasar en una de las fases de construcción del proyecto de pareja? Echemos mano de la longanimidad, valor olvidado. Longanimidad es constancia y perseverancia frente a los obstáculos y las adversidades. Es también longánime la persona que es bondadosa, generosa, empática y clemente. La longanimidad se trabaja y puede convertirse en una maravillosa habilidad; una habilidad que nos haga fuertes emocionalmente para levantarnos y continuar en el camino de la vida y de la realización de nuestros anhelos y que dé calidad a nuestras relaciones aun en momentos de adversidad.

En la longanimidad el telón de fondo es el amor. Ambas son manifestaciones de alguien que ama y de alguien amado. De alguien que es capaz de darse, de entregarse. Somos personas que hacemos alquimia del sufrimiento y lo transformamos en amor y creatividad para los demás. No somos agentes pasivos; con amor, podemos ser creadores.

Y es esa capacidad de transformación la que nos impulsa a trabajar con pasión, la que nos mueve para alcanzar el sentido en nuestra vida. Como propuso Martin Luther King, si llega un momento en nuestra vida en la que tenemos dos opciones, perpetuar el sufrimiento o transformarlo en amor y creatividad para los demás, elijamos lo segundo. De ese modo, nos convertiremos en maestros cotidianos, en hombres y mujeres que hacen que la vida merezca ser vivida.

Workaholics, reorientarnos hacia el amor

Atención. Al igual que existe el apego dañino en las relaciones, también se da, con bastante frecuencia, en el ámbito laboral. Hay personas que viven para trabajar y descuidan otras facetas. Sin apego, podríamos vivirlo con pasión liberadora, más que con obligación.

Buda decía que el apego es causa de sufrimiento porque todo fluye, todo cambia, todo nace, todo muere y nada permanece. Vivamos entonces lo que hacemos como un reto agradable que no excluya otros frentes de nuestra vida, porque en esa variedad está el cambio y la recarga de motivaciones.

Lo que hacemos se puede compartir como un nuevo horizonte. En el capítulo tres de esta parte aludíamos a esas nuevas posibilidades que pueden refrescar la relación: tramar juntos un proyecto laboral renueva la ilusión y despierta esperanzas en plural. El trabajo nos puede reorientar hacia el amor si lo hacemos desde el desapego.

En este juego del hacer, también me parece interesante señalar brevemente que pasión o enseñanza no equivalen a ego. Enseñar al otro no asegura la valía personal: un maestro cotidiano inspira, pero no por ello es mejor que su pareja. En el plano laboral, en el del ocio, en fin, en la vida, amar es comprender y estimular. Amemos en libertad no solo a nuestros seres queridos, sino las pasiones que nos hacen pensar que estar aquí y ahora merece la pena.

6. El principio de una historia de amor eterna

El principio de una historia de amor eterna está en nosotros mismos. También mantenerla, mimarla, disfrutarla y, si no nos conviene, concluirla. El gran escritor irlandés George Bernard Shaw nos lo recuerda con ese toque de humor tan necesario: «Amarte a ti mismo es el inicio de una historia de amor que dura toda la vida».

Grandes frases que son eternas gracias a su valía y a su acierto.

Quiero cerrar este libro con un reconocimiento del que no me canso de hablar: el de cada uno de nosotros. Somos individuos que merecemos amar y ser amados. Somos únicos e irrepetibles. Solo nosotros podemos ofrecer una identidad singular, propia, con nuestro conocimiento, nuestros sentimientos, nuestros valores y principios. Con todo lo que sembramos y recogemos en nuestro camino de vida.

¿Te has preguntado alguna vez quién eres y qué tienes para ofrecer al otro?

Es cuando somos pequeños que arranca en cada uno el misterio de reconocernos. Vamos tomando consciencia de nosotros mismos, con lo que podemos empezar a valorarnos.

Desde pequeños nos preparamos para el amor. Es un aprendizaje poco tangible; es, en realidad, una revelación consciente de la que emerge la fuerza que después necesitamos para hacernos valer en lo que hacemos y también en nuestras relaciones.

Por ello, es importante dedicar un tiempo a la simple contemplación, a conocernos. Dejándonos en paz, sin exigencias, solo mirándonos. Conectar con nuestra identidad implica un ejercicio de quietud, un ejercicio de mirada apreciativa, un dejarse estar. Todo ello forma parte de la historia de amor con uno mismo y de las consecuencias que se desprenden de cómo nos amamos.

El silencio comunica

Uno de los libros más recomendables que he leído en los últimos meses es *El silencio en la era del ruido: El placer de evadirse del mundo*, de Erling Kagge. En él, su autor propone tres preguntas:

¿Qué es el silencio?
¿Dónde podemos encontrarlo?
¿Por qué es más importante hoy que nunca?

El silencio es aquello que al pronunciarlo se rompe. En estos tiempos de sobreinformación, el espacio que nos brinda el silencio cobra más sentido que nunca. Las relaciones precisan de silencio como de oxígeno que permite a cada identidad de la pareja reconectar consigo misma. De esta manera, es posible saber qué necesita y qué quiere compartir cada uno, además de percibir qué demanda el otro. El silencio es importante porque es una fuente de conocimiento y de inspiración.

Curiosamente, el ser humano se resiste a contemplarse en silencio, porque lo identifica como terreno doloroso. Una muestra de ello son los resultados del experimento de Philip Zimbardo, investigador del comportamiento y presidente de la Asociación Norteamericana de Psicología. En 2002, quiso probar la capacidad de las personas para estar a solas con sus pensamientos. Solos, sentados, con la única presencia de un botón que proporcionaba descargas eléctricas y que los participantes debían presionar si querían finalizar el periodo de silencio.

¿Cuál creéis que fue el resultado? La mayoría de las personas presionaron el botón. ¿Por qué? Porque entre el dolor y la nada, prefirieron el dolor.

En el amor, como experiencia personal, el dolor es intrínseco. Y la nada debería ser un refugio para la reafirmación, para poder aclarar ideas, para sentir también que somos felices.

El silencio nos comunica el estado de nuestras emociones, nos permite leerlas y reconciliarnos con nosotros mismos y, en consecuencia, con los demás.

La libertad del otro

¿Y cuando son nuestros seres queridos los que acuden al silencio para reconocerse? ¿Sufrimos, nos sentimos desplazados porque creemos que no confían en nosotros? Veamos cómo el hecho de dejar que la otra persona haga uso de su espacio íntimo y personal también es amar. Porque es respetar, acompañar desde el silencio, confiar.

Es saludable conceder la libertad de ser, de estar, así como es saludable disfrutarla nosotros mismos. Enamorarnos de quienes somos, dejar que el otro lo haga, y volver a enamorarnos los dos. Sin prisas, procurando y velando por que nuestra pareja crezca a su ritmo y alcance el bienestar, amándola desde la inspiración.

Permitámonos crecer a nuestro propio ritmo y tiempo. No queramos hacerlo rápido ni queramos que el amor llegue apresuradamente o que dure sin más. La mejor manera de vivirlo es desde la serenidad, desde la aceptación, porque no siempre se tiene aquello que se desea ni todo sucede como está previsto. ¿Qué sentido tendrían entonces la vida, el amor?

La aceptación es la gran catalizadora de la transformación. Como decía el psicoanalista Carl Gustav Jung, «lo que niegas, te somete; lo que aceptas, te transforma». Tanto en la vida como en el amor, el desarrollo, la transformación, nos permiten avanzar y alcanzar la mejor versión de nosotros mismos. Y es la versión que ponemos en juego al amar.

Si arreglamos nuestro corazón, como reza el dicho japonés, estamos procurando realmente que nuestro corazón aumente la capacidad de amar y de ser amados.

Hagamos pues el ejercicio diario de reparar nuestro corazón, las heridas, el mal que hayamos podido hacer consciente o inconscientemente. Sentémonos con la gente que queremos y digámosles: «¿He hecho algo que por acción u omisión te ha hecho sentir mal?». Creemos el buen amor.

Lo que da sentido a nuestra vida, lo que la sostiene y la impulsa, es amar y crear. Amar a alguien y crear algo. Es ahí donde vemos la conexión entre el sentido, el amor y la alegría, porque cuando amamos y cuando creamos, el sentimiento que emerge en ambos casos es, cómo no, la alegría.

EL FIN ÚLTIMO DE LA EXISTENCIA

Me gustaría dejaros una lúcida reflexión de Viktor Frankl sobre el sentido de la vida, como una conclusión, como un aprendizaje que justifique este libro:

«Un pensamiento me petrificó: por primera vez en mi vida comprendí la verdad vertida en las canciones de tantos poetas y proclamada en la sabiduría definitiva de tantos pensadores. La verdad de que el amor es la meta última y más alta a la que puede aspirar el ser humano. Fue entonces cuando aprehendí el significado del mayor de los secretos que la poesía, el pensamiento y el credo humanos intentan comunicar: la salvación del ser humano está en el amor y a través del amor. Comprendí cómo el ser humano, desposeído de todo en este mundo, todavía puede conocer la felicidad —aunque sea solo momentáneamente— si contempla al ser querido. Cuando el ser humano se encuentra en una situación de total desolación, sin poder expresarse por medio de una acción positiva, cuando su único objetivo es limitarse a soportar los sufrimientos correctamente —con dignidad—, ese hombre puede, en fin, realizarse en la amorosa contemplación de la imagen del ser querido.»

Por eso no olvidemos nunca amar sobre los tres pilares de los que he hablado en estas páginas: ama comprendiendo, cuidando e inspirando. Harás la vida de los demás más plena y, con ello, la tuya.

Quien ame en plenitud habrá encontrado el sentido de su vida. Amar es vivir y vivir es amar. Amemos mientras vivimos y vivamos mientras amamos. Parafraseando al poeta Miguel Hernández, «todos llegamos con tres heridas: la del amor, la de la muerte, la de la vida». Y es nuestra responsabilidad cuidarnos de las tres. Feliz viaje: buena vida, buen amor, buen trabajo y, por supuesto, ¡buena suerte!

Álex Rovira Celma

LA CEBOLLA QUE APRENDIÓ A AMAR

UNA FÁBULA DE FRANCESC MIRALLES

Sobre cómo alguien que hacía llorar a sus parejas se fue desprendiendo de capas hasta llegar al corazón del amor

Dedicado a Mario Reyes
maestro en el arte de desnudar el corazón

1

Había una vez una Cebolla a la que no le duraban nada las parejas. Y no lo entendía. Tenía buen tamaño, era perfectamente redonda y su piel era fina y brillante como la seda, a medio camino entre el morado y el rosa.

¿Qué problema tenían los demás con ella? ¿Sería envidia ante sus virtudes? ¿O tal vez sabían que no estaban a su altura y se sentían poca cosa a su lado?

Todo esto pensaba la Cebolla que, mientras paseaba rodando por el huerto, se dio cuenta de algo más. Todas las hortalizas con las que había salido acababan llorando. Luego, la abandonaban.

Siempre había oído decir que las cebollas hacen llorar a los humanos, pero no entendía por qué sus compañeros de terruño también derramaban lágrimas en su compañía.

2

Decidida a salir de dudas, fue a consultar a la hortaliza más sabia del lugar: una Calabaza grande y vieja que llevaba un año creciendo al sol en los límites del huerto. De ella se decía que todo lo veía y entendía, así que la Cebolla se acercó rodando para explicarle su caso:

—Dime, Calabaza, ¿cómo puede ser que una Cebolla tan brillante como yo haga llorar a todos sus compañeros?

Tras pensarlo unos instantes, la Calabaza finalmente le dijo:

—Justamente es esta piel de la que estás tan orgullosa la que les hace llorar, pues se trata de la capa del Orgullo. Quítatela de encima y habrás subido un escalón en el arte de amar. Quien ama de verdad no es orgulloso y quien pierde el Orgullo gana la Humildad.

3

Con mucha pena por su parte, se despojó de aquella fina capa, brillante y morada, para volver al terruño como una humilde Cebolla.

No estaba acostumbrada a ir tan ligera de ropa y, tras rodar un rato por el huerto, se puso a tomar el sol al lado de un Tomate. Olía dulce y su color era rojo como las rosas, así que trató de intimar iniciando una conversación.

—Hola, Tomate, ¿te apetecería conocer a esta humilde Cebolla que está lista para amar?

—Ya veo que quieres llevarme al huerto... —dijo el Tomate, interesado—, pero antes de salir contigo necesito conocerte un poco más. ¿De qué parte de esta plantación eres?

—Del segundo surco del terruño. Desde que dejé a mis hermanas para ver mundo no he tenido más que fracasos amorosos.

—¿Me lo dices de veras?

—Sí, hace unas horas no te lo habría reconocido porque era una Cebolla orgullosa. Nunca admitía lo que me salía mal, pero ahora puedo afirmar humildemente que he sufrido por amor.

—Entiendo... —dijo el Tomate—, ¿y puedo saber qué te ha gustado de mí?

La Cebolla miró su propio reflejo en la piel inmaculada del Tomate y dijo:

—Como Tomate, estás de buen ver. Más aún, eres perfecto. Creo que eso es lo que me ha atraído de ti.

—Pero... a medida que pase el tiempo, mi pulpa se irá haciendo más blanda. La piel se arrugará y perderé este color que tanto te gusta. ¿Me seguirás amando entonces?

—No te lo sabría decir... —dijo la Cebolla, que no había pensado en eso—. Si te descuidas de ese modo, puede que dejes de atraerme. Me gusta cómo eres ahora, perfecto. ¿No puedes seguir así por mí?

En aquel punto, el Tomate rompió a llorar. Sin entender nada, la Cebolla se fue rodando a ver a la maestra Calabaza para saber qué había hecho mal.

4

—No basta con que te quites la piel del Orgullo —le dijo esta tras haber escuchado su relato—. Hay otras capas en ti que hacen llorar, como la que llevas puesta ahora mismo: el Perfeccionismo. No hay nada más imperfecto que buscar la perfección en todo el mundo. ¿Acaso tú eres perfecta? De ser cierto, no harías llorar a los demás.

—Entonces... ¿debo sacarme de encima la segunda capa? —preguntó la Cebolla, avergonzada.

—Sí, por mucho que te hayas desprendido del Orgullo y hayas ganado Humildad, de poco te sirve si vas pidiendo perfección a los demás. Amar requiere Aceptación, reconocer a cada cual como es y amarlo por lo que es, no por lo que te gustaría que fuera.

La Cebolla se deshizo entonces de su segunda capa, quedando de un color blanco que se volvería marrón en cuanto empezara a rodar por la tierra.

Aun así, volvió a salir en busca de amor.

5

Tras una hora poniéndose perdida de tierra, la Cebolla buscó la sombra bajo una plantación de zanahorias. Allí mismo se había refugiado un solitario melón, que silbaba feliz una canción de verano.

—No sé qué motivos tienes para estar tan contento —se quejó la Cebolla amargamente—. Este lugar es un asco. Cuando no llueve y se embarra todo, tenemos que hervir bajo un sol de justicia. Además..., ¡aquí solo hay vulgares verduras!

Las zanahorias, que estaban durmiendo la siesta bajo tierra, profirieron un grito escandalizado.

—No paras de quejarte —dijo el Melón, ya cansado—. Si sigues dando la lata, tendremos que pedirte que te vayas rodando a otra parte.

—¿Quién eres tú para echarme de ningún sitio? ¡Ni siquiera eres un Melón de Miel!

Un instante después, la Cebolla salía despedida pendiente abajo de un melonazo.

6

Antes de conocer los detalles de lo que le había pasado a la Cebolla, la maestra Calabaza quiso advertirle:

—Vas por el buen camino, pero la Queja es un veneno para el amor. Deberías quitarte esa tercera capa. Los que critican y protestan todo el tiempo se hacen odiosos a los demás y terminan sin pareja. Lo contrario a la Queja es la Gratitud. Amar es dar las gracias por todo lo que vivimos con el ser amado. Por cierto, ¿qué dices que te ha pasado con el Melón?

Voluntariosa, mientras se iba arrancando su tercera piel, la Cebolla le explicó lo que había ocurrido con el Melón en la plantación de zanahorias.

Al saber que había sido expulsada como un boliche de petanca, la Calabaza estalló en una carcajada que indignó a la Cebolla. Fuera de sí, esta se lanzó de cabeza contra la dura piel de su maestra, que le reprendió:

—Si quieres conocer el amor, tendrás que librarte de una cuarta capa, querida, la de la Ira. Jamás podrás amar ni ser amada mientras no te deshagas de ella. El buen amor requiere controlar la rabia, ser paciente y tierna sin perder la Calma.

Muy avergonzada por su reacción, la Cebolla se desnudó por cuarta vez, quedando reducida a una esfera no mayor que la del Tomate que había conocido esa mañana.

—Ahora, sal al mundo, a ver qué encuentras —le recomendó la Calabaza—. Aún te queda camino por recorrer.

7

La tarde había empezado a caer sobre el huerto cuando la Cebolla encontró a un formidable Pepino que, tumbado sobre un montículo, contemplaba la luz dorada del horizonte.

Antes de empezar a conversar, la Cebolla se dijo a sí misma: «Tras desprenderme del Orgullo, del Perfeccionismo, de la Queja y de la Ira, ahora soy humilde, acepto al otro como es, doy las gracias por haber encontrado a este Pepino y estoy llena de ternura. Soy, por lo tanto, merecedora del amor».

—¡Buenas tardes, Cebolla! —la saludó el Pepino,

sacándola de sus pensamientos—. ¿Vienes a ver la puesta de sol?

—No lo había pensado, pero...

—Ponte a mi lado —la interrumpió, amable—. Así disfrutaremos juntos del espectáculo. La luz del atardecer se irá tornando roja, como si hubiera un incendio detrás de esas montañas.

8

Emocionada, la Cebolla se dijo que por fin había encontrado al compañero que tanto buscaba. Entonces, la llegada de un grupo de hortalizas rompió el romántico momento.

Se trataba de media docena de Coles de Bruselas. Para alivio de la Cebolla, la mayoría se conformaron con contemplar las vistas un instante para luego salir rodando por el otro lado del montículo.

Una de ellas, sin embargo, se quedó charlando con el Pepino.

—Tienes una piel verde magnífica —le decía—. La mía es más oscura y sin brillo. ¿Qué te pones?

A medida que se alargaba la conversación, la Cebolla se iba poniendo cada vez más nerviosa. Estaba convencida de que aquella ambiciosa Col de Bruselas quería birlarle al Pepino.

Cuando finalmente se marchó para reunirse con sus compañeras, la Cebolla no pudo evitar decir:

—Es increíble lo descaradas que se han vuelto algunas verduras.

—¿Por qué lo dices? —preguntó el Pepino.

—No me dirás que no te has dado cuenta... Estaba haciendo todo lo posible para ligar contigo. Lo que no entiendo es por qué le has dado tanta cuerda. Le has hecho pensar que tenía posibilidades contigo.

—Pero... ¿a qué viene todo esto? —dijo el Pepino, sorprendido—. Yo solo estaba hablando con una Col de Bruselas que me ha dado conversación. Es una cuestión de amabilidad.

La ofendida Cebolla le explicó, con muchas palabras, que aquella intimidad no había estado bien, y menos cuando estaban empezando algo juntos. En este punto, el Pepino perdió la paciencia y declaró:

—Creo que tienes un problema, Cebolla, y me estás fastidiando la mejor hora del día. Así que vete por donde has venido. No me gusta que me controlen.

9

Esta vez fue la Cebolla la que lloró amargamente, y en ese estado llegó a la presencia de la maestra Calabaza, que trató de tranquilizarla.

—Estás avanzando mucho en tu camino, pero aún tienes un par de lecciones que aprender en la escuela del amor.

—¿Por qué me ha tratado así el Pepino? —protestó muy apenada—. Todo había empezado tan bien...

—Lo has agobiado con tus Celos, esa es la quinta capa que deberás sacarte de encima. El ser amado necesita saber que confías en él.

—El Pepino me inspiraba Confianza, la culpa ha sido de esa descocada Col de Bruselas, que quería quitarme lo que era mío.

—En el verdadero amor nadie es de nadie —le explicó la Calabaza—. Cada cual se pertenece a sí mismo y dos están juntos porque quieren. Son seres libres que deciden compartir su vida. El amor no puede ser una cárcel.

—Comprendo... Quieres decir que el Pepino se ha asustado al ver mis Celos y me ha dejado por eso.

—Sí, le ha dado miedo que, para estar contigo, tenga que dejar de comportarse de forma natural con el resto de verduras. Quítate de una vez la piel áspera de los Celos. Amar con Confianza es sumar sin restarle nada al otro.

10

Desprovista ya de cinco capas, la Cebolla se sentía muy pequeña y desnuda cuando rodó hasta el huerto ya de noche.

Encontró a todas las hortalizas durmiendo. Se disponía a acostarse ella también en un surco que le serviría de lecho, cuando una voz fina y suave le habló a sus espaldas.

—¿Qué hace una Cebollita como tú en una noche como esta?

Asustada, se giró para descubrir a sus espaldas algo parecido a una Alcachofa. Como un ave desplumada, había perdido todas sus hojas y solo le quedaba el corazón. Aun así, parecía feliz.

Recostado al borde del surco, invitó a la Cebolla a hacerle compañía.

—¿Quieres que miremos las estrellas juntas?

Escarmentada por lo que había sucedido a lo largo del día, asintió a la vez que murmuraba:

—Encantada de acompañarte, pero esto no va a salir bien. He llegado a la conclusión de que no sirvo para el amor... —dijo entre lágrimas—. No he venido a este huerto para ser feliz.

—Eso es porque has de perder la última capa todavía —dijo el Corazón de Alcachofa.

La Cebolla se estremeció al oír esto.

11

Le explicó que él también había aprendido con la maestra Calabaza, que le había hecho desprenderse de todas sus hojas hasta ser solo un Corazón de Alcachofa, y añadió:

—Me dijo que la sexta y última capa que nos

impide amar es la Gravedad. Cuando dos están juntos, por fuerza viven muchas dificultades. Si no saben reírse de lo que les pasa, todo les parecerá un drama. Para amar hay que tener sentido del humor, que es también el sentido del Amor.

La Cebolla escuchaba esto, admirada, mientras se quitaba su última capa.

—Ahora eres todo Corazón —le dijo el otro.

Al verse tan pequeña y desnuda junto al Corazón de Alcachofa, de repente la Cebolla sintió ganas de reír. Primero, fue una risa contenida; luego, una risotada; y finalmente, liberó una carcajada feliz que contagió a su compañero. Era tanta su alegría que hasta las estrellas temblaron de emoción.

Y así fue como, libres de todas las corazas innecesarias, corazón con corazón, la Cebolla que hacía llorar encontró por fin el amor.

12

Al amanecer, después de su primera noche juntos, las dos verduras trazaron en la tierra fértil del huerto lo que habían aprendido para que todo el mundo pudiera saber cómo desnudar el corazón:

1. Libérate del Orgullo,
porque el amor duradero se consigue a través
de la Humildad.

2. Libérate del Perfeccionismo,
porque amar requiere Aceptación, creciendo juntos
e imperfectos.

3. Libérate de la Queja,
que es un veneno para el corazón, y cámbiala
por el elixir de la Gratitud.

4. Libérate de la Ira,
pues destruye todo lo que se ha construido desde
la Calma del corazón.

5. Libérate de los Celos,
porque amar con Confianza es sumar sin restarle
nada al otro.

6. Libérate de la Gravedad,
porque el Humor es el ingrediente secreto del Amor.

Francesc Miralles